Johanna Heide-Liebetrau
Marianne Grether

Den Frühling erleben

ab Klasse 2

Kopiervorlagen mit Lösungen

Gedruckt auf umweltbewusst gefertigtem, chlorfrei gebleichtem
und alterungsbeständigem Papier.

1. Auflage 2008
Nach den seit 2006 amtlich gültigen Regelungen der Rechtschreibung
© by Brigg Pädagogik Verlag GmbH, Augsburg
Alle Rechte vorbehalten.

Originalausgabe © 2005 elk *verlag* AG, CH-Winterthur, www.elkverlag.ch
Johanna Heide-Liebetrau, Marianne Grether
Jahreszeiten: Frühling

Das Werk und seine Teile sind urheberrechtlich geschützt. Jede Nutzung in anderen als den gesetzlich zugelassenen Fällen bedarf der vorherigen schriftlichen Einwilligung des Verlages.
Hinweis zu § 52 a UrhG: Weder das Werk noch seine Teile dürfen ohne eine solche Einwilligung eingescannt und in ein Netzwerk eingestellt werden. Dies gilt auch für Intranets von Schulen und sonstigen Bildungseinrichtungen.
Illustrationen: Marianne Grether

ISBN 978-3-87101-317-1   www.brigg-paedagogik.de

INHALTSVERZEICHNIS

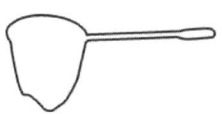

4	**Vorwort**
5	**Anregungen**
	Frühlingsgeschichte
11	Frühling – Lena und Valentin
	Arbeitsblätter
21	Der Teich im Frühling
22	Tiere im und am Teich
24	Die Entwicklung des Frosches
26	Experiment mit Wasser
27	Tierkinder – Memo, Bilder
28	Tierkinder – Memo, Texte
29	Tierrätsel
30	Darum gibt es den Frühling
31	Die Sonne
32	Lesekontrolle
33	Lesekontrolle: Wochentage
34	Das macht Spaß
35	Nomen
36	Stoppdiktat
37	Im Frühling, Gedicht
38	Monate
39	Kescher basteln
40	Pizza mit Salat, Frühlingsrezept
41	Pizza, Rechengeschichten
42	Frühlingsausmalbild
43	Frühlingsmonate
44	Frühlings-Rap
45	Jahreszeitenlied
46	„Der Frühling" von A. Vivaldi 1
47	„Der Frühling" von A. Vivaldi 2
48	Stell dir vor ...
49	Frühlingsspiele im Schulzimmer
50	Frühlingsspiele im Freien
51	Zwölfe!
53	**Lösungen**

VORWORT

FRÜHLING	Der Frühling, jedes Jahr ein aktuelles Thema, wird mit diesem Ordner ganzheitlich und fächerübergreifend behandelt. Der achtsame, respektvolle Umgang mit den Mitmenschen, der Natur und der Umwelt liegt uns besonders am Herzen.
LESEHEFT	Die Geschichte von Lena und Valentin orientiert sich an der Erlebniswelt der Kinder. Sie führt in das Thema ein. Wir erleben mit Lena und Valentin eine Woche im Frühling. Wir erfahren, wie sie leben, streiten, sich versöhnen, basteln, backen, spielen und Verantwortung übernehmen. Das Leseheft ist als Vorlage integriert, damit es für jedes Kind kopiert werden kann.
ARBEITSBLÄTTER	Viele Themen der Geschichte werden aufgegriffen und vertieft.
WENIGER VORBEREITUNG	Wir beide, Lehrerinnen und Mütter, wünschen Ihnen viele spannende und bereichernde Lese-, Schreib-, Experimentier- und Arbeitsstunden mit den Kindern. Uns ist es ein großes Anliegen, Ihnen mit diesen Kopiervorlagen viel Vorbereitungszeit zu ersparen.

Marianne Grether
Johanna Heide-Liebetrau
im März 2006

ANREGUNGEN

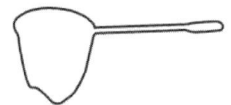

LENA UND VALENTIN LESEHEFT

Eine Woche im Frühling mit den Kindern Ihrer Klasse: Wie sieht eure Woche aus? Was ist im Frühling besonders? Die Kinder führen eine Woche lang Tagebuch. Was ist ein Tagebuch? Es gibt ganz persönliche Tagebücher und solche, die auch von anderen gelesen werden können und sollen.
In ein Tagebuch passen: Schule, Freizeit, Familie, alltägliche und besondere Ereignisse. Jeden Tag einige Tagebucheinträge vorlesen lassen (freiwillig).
Tagebuch weiterführen (persönliches Tagebuch), z. B. mindestens drei Einträge pro Woche sind Pflicht. Die Lehrkraft liest die Einträge (freiwillig) und schreibt einen kleinen Kommentar dazu. So entsteht ein wertvoller Briefwechsel.
Verwenden Sie das Leseheft auch als Arbeitsheft: Nomen braun übermalen, Verben blau, Bilder ausmalen (evtl. mündliche Anleitungen dazu), Bilder beschriften, usw.
Vorlesen üben: Jedes Kind übernimmt einen Teil der Geschichte, den es für das Vorlesen gut übt.

ARBEITSBLÄTTER MENSCH UND UMWELT

Der Teich im Frühling
- Unternehmen Sie mit den Kindern einen Ausflug an einen Teich.
- Was tun all die Tiere, die am Teich leben, im Frühling? In Tierbüchern oder im Internet finden Sie und die Kinder viele Antworten.
- Die Kinder schreiben eigene Sätze zum Bild.
- Partnerarbeit: Ein Kind sagt, was es sich noch auf dem Bild wünscht, das andere Kind malt das Gewünschte. Dann tauschen sie die Rollen.
- Das Teichbild ausmalen: schriftliche Malaufträge, mündliche Aufträge oder frei malen.

Tiere im und am Teich
- Lassen Sie die Kinder zusätzliche Informationen über Gelbrandkäfer, Teichmolch, Teichrohrsänger und Wasserfrosch einholen.
- Die Kinder stellen ihre Erkenntnisse den anderen vor.

Die Entwicklung des Frosches
- Sie können den Text in kleine Vorleseportionen zerschneiden. Jedes Kind liest allen vor.
- Jedes Kind schreibt eine Froschgeschichte, ausgehend von einem Bild, das es selbst ausgesucht hat.

Fragen: Entwicklung des Frosches
- Vertiefen Sie das Thema Frosch (Heft führen mit eigenen Beobachtungen, verschiedene Froscharten, usw.).
- Die Kinder gestalten ein Arbeitsblatt zu einem anderen Tier.

Experiment mit Wasser
- Bereiten Sie weitere Wasserexperimente vor, z. B.
- randvolles Wasserglas mit einem kleinen festen Blatt Papier bedecken und umdrehen.

Tierkinder – Memo, Bilder
- Memo (Texte und Bilder) auf festes Papier kopieren, laminieren und spielen. Vielleicht kommen noch zwei oder vier eigene Karten dazu (leere Karten in derselben Größe bereitstellen).
- Spiel zu dritt (so können die Wörter trainiert werden): Die Kinder schreiben sechs Nomen des Memos auf ein Notizblatt. Die Karten werden gemischt und mit der Bildseite nach unten auf den Tisch gelegt. Der Reihe nach wird ein Bild aufgedeckt und benannt. Steht es auf meinem Blatt? Juhui, ich darf es durchstreichen. Wer hat zuerst alle Wörter durchgestrichen? Bravo!

Tierkinder – Memo, Texte
- Partnerarbeit: Karten kopieren, zwischen Tiernamen und Text falten, einander abfragen.

Tierrätsel
- Die Kinder erfinden ein eigenes Tierrätsel.

Darum gibt es den Frühling
- Den schwierigen Sachverhalt der Jahreszeiten mittels Modellen demonstrieren.
- In Büchern und im Internet weitere Erklärungen zu den Jahreszeiten suchen lassen und auflegen.
- Lassen Sie die Kinder den Lückentext nach der Korrektur mit verbundener Schrift abschreiben.

Die Sonne
- Stellen Sie Kontrollfragen zu den kurzen Texten, z. B.: Vor ungefähr wie vielen Jahren entdeckte Kopernikus, dass sich die Erde um die Sonne dreht?
- Befassen Sie sich genauer mit der Sonne.

LESEVERSTÄNDNIS Lesekontrolle
- Korrigieren: Die Kinder verbessern die falschen Sätze und schreiben sie auf die Rückseite.
- Fallen stellen: Die Kinder wählen einen Satz aus dem Heft und verändern ihn geringfügig. Stimmt der Satz oder wurde er verändert?
- Mündliche Hausaufgabe: Die Kinder überlegen sich drei Sätze, die sie den Mitschülerinnen und Mitschülern vortragen. Sind diese Sätze richtig oder falsch?

Lesekontrolle: Wochentage
- Schreiben Sie ein eigenes Kontrollblatt für die Wochentage, passend zu Ihrer Klasse und den Ereignissen der aktuellen Schulwoche.

- Die Kinder erfinden selbst Fragen zur Geschichte, die mit einem Wochentag beantwortet werden können.
- Führen Sie mit den Kindern das Tagebuch ein.
- Singen Sie Lieder zu den Wochentagen, z. B. „Laurentia, liebe Laurentia mein …"

GRAMMATIK UND ORTHOGRAFIE

Das macht Spaß
- Schreiben Sie ein für Ihre Klasse angepasstes Frühlings-Würfeln.
- Für das Korrigieren der Rechenblätter können Sie ein Korrekturbüro einrichten: zwei Kinder korrigieren.

Nomen
- Suchen Sie mit den Kindern auch im Leseheft Nomen, evtl. in Form von Rätseln. Beispiel: „Was ist das? Das möchte Valentin seinem Freund zeigen. Ihr findet es auf Seite 10."
- Großes Nomenplakat im Schulzimmer aufhängen: Die Kinder schreiben Nomen auf kleine braune Zettel, lassen sie korrigieren und kleben sie auf das Plakat.
- Eine Geschichte schreiben mit sieben oder ... vorgegebenen Nomen.

Stoppdiktat
- Stoppdiktat mit einem anderen Text wiederholen.
- Schwächere Schülerinnen und Schüler schreiben nur den ersten Abschnitt.

GEDICHTE

Im Frühling, Gedicht
- Wie lernst du am besten auswendig? Hast du einen heißen Tipp?
- Andere Frühlingsgedichte suchen oder suchen lassen und im Zimmer aufhängen.
- Persönliches Gedichtheft für gesammelte und selbst geschriebene Gedichte beginnen.

Monate
- Hängen Sie die Bilder der Kinder im Schulzimmer auf.
- Eigene witzige Monatsgedichte schreiben und den anderen Kindern vortragen.
- Monatskalender im Schulzimmer aufhängen, alle wichtigen gemeinsamen Ereignisse eintragen: Geburtstage, Sportfest, Ferien, gemeinsames Fest, usw.

REZEPTE UND ANLEITUNGEN

Kescher basteln
- Kleiderbügel aus Draht erhalten Sie in chemischen Reinigungen sehr günstig oder gratis.
- Geben Sie die Bastelanleitung als Anregung für zu Hause ab (Frühlingsferien, übers Wochenende).

Pizza mit Salat, Frühlingsrezept
- Weitere Rezepte zusammentragen, aufschreiben und für die Klasse kopieren. So entsteht ein kleines Frühlingsrezept-Heft.

- Mein Lieblingsessen: Jedes Kind schreibt und zeichnet als Hausaufgabe sein Lieblingsessen auf. Diese werden im Schulzimmer aufgehängt.
- Freiwillige Hausaufgabe über die Ferien oder übers Wochenende: Backt für eure Familie Pizza.

Pizza, Rechengeschichten
- Weitere Rechengeschichten erfinden lassen.
- Sie geben die Zutaten eines anderen Rezeptes an. Die Kinder schreiben dazu Rechengeschichten.

MALEN UND GESTALTEN Frühlingsausmalbild
- Hören Sie beim zweiten Ausmalbild gemeinsam ruhige, meditative Musik. Als Voraussetzung muss eine besinnliche Atmosphäre herrschen.
- Rätsel: Die Kinder beschreiben (schriftlich oder mündlich) eines der selbst gestalteten Ausmalbilder. Welches ist es?
- „Mein schönstes Frühlingsbild" zeichnen und malen lassen.
- Rundes Frühlingsbild kleben.

Frühlingsmonate
- Bilder aufhängen oder gemeinsam betrachten.
- Die Kinder können ihre Monatsbilder nach dem Lösen des Arbeitsblattes auch auf größeres Papier malen.
- Jedes Kind malt seinen Lieblingsmonat im Großformat.
- Wer findet Verben, Adjektive oder Nomen, die zu den drei Frühlingsmonaten passen?

MUSIK Frühlings-Rap
- Klasse in drei Gruppen teilen. Zwei Gruppen sprechen die zwei Teile des Raps, die dritte Gruppe singt ein gemeinsam gelerntes Frühlingslied dazu. Abwechselnd singt bzw. rappt eine Gruppe etwas lauter, die andere sehr leise.
- Wer erfindet den coolsten Rap? Arbeitet zu zweit oder in der Gruppe mit anschließendem Vortragen des Raps.

Jahreszeitenlied
- Andere Jahreszeitenlieder lernen.

„Der Frühling" von A. Vivaldi 1
- Veranstalten Sie eine kleine Ausstellung: Die fertig gemalten Bilder liegen auf dem Boden. Setzen Sie sich mit den Kindern in einem Kreis um die Bilder. Still betrachten Sie gemeinsam die Kunstwerke, während Vivaldis Musik erklingt.
- Einzelne Kinder stellen den anderen klassische Musik vor, die sie von zu Hause mitgebracht haben.

„Der Frühling" von A. Vivaldi 2
- Stellen Sie das Rätsel vor dem Verteilen des Arbeitsblattes.
- Vertiefen Sie das Thema, indem Sie auch andere Saiteninstrumente aufgreifen (z. B. Bratsche, Cello).

- Laden Sie eine Person ins Schulzimmer ein, die die Violine persönlich vorstellt.
- Gibt es Eltern, die Ihnen in der Schule ihr Instrument vorstellen könnten?
- Wer spielt ein Instrument? Welches? Erfahrungen der Schülerinnen und Schüler aufgreifen und vorspielen lassen.

Stell dir vor ... Frühlingsträume mit Musik von A. Vivaldi
- Der Text kann von der Lehrkraft vorgelesen werden.
- Die Kinder denken sich eigene Frühlingsbilder aus, schreiben sie auf und lesen sie einander vor.

SPIELE UND BEWEGUNG

Frühlingsspiele im Schulzimmer
- Lena, aufgepasst! – Valentin, aufgepasst! Das Spiel ist für alle intensiver, wenn die Kinder vier Gruppen bilden. Je eine Gruppe geht in eine Ecke. Lena/Valentin sitzt oder liegt in der Mitte. Nun schleichen die Gruppen von der Ecke aus leise zu den Blumen. Der Spielleiter bzw. die Spielleiterin schaut also die ganze Gruppe an, die losschleichen darf.
- Gemeinsame Frühlingsspiele-Sammlung.

Frühlingsspiele im Freien
- Bereiten Sie mit der Klasse einen Spielnachmittag vor. Kennt ihr noch andere Spiele? Was braucht ihr dazu? Kleine Preise und ein leckerer Imbiss verschönern das gemeinsame Erlebnis.
- Die Kinder erfinden eigene Spiele im Freien.

Frühling

Lena und Valentin

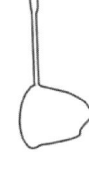

von Marianne Grether und
Johanna Heide-Liebetrau

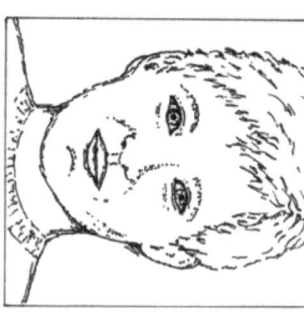

Ich heiße Lena.
Ich habe langes, braunes Haar und bin neun Jahre alt.
Was ich besonders mag: Tiere und möglichst viel Freizeit.
Was ich gar nicht mag: Hausaufgaben.

Ich heiße Valentin.
Ich habe kurze Haare und werde bald acht Jahre alt.
Was ich besonders mag: basteln, im Freien spielen.
Was ich gar nicht mag: eine schlecht gelaunte Schwester.

16.00 Uhr

„Der ist für dich, Mam. Er ist schön geworden, nicht wahr?" Mama gibt Lena einen Kuss. „Ja, sehr." Stolz betrachtet Lena den Blumenstrauß. Lena ist glücklich. Sie liebt die Farben, die Blumen, den Frühling. Auch Valentin ist zufrieden. Er spielt schon den ganzen Tag im Freien. Den Gameboy hat er bereits vergessen. Jetzt ruft er: „Lena, kommst du auch spielen?" „Ich komme!"

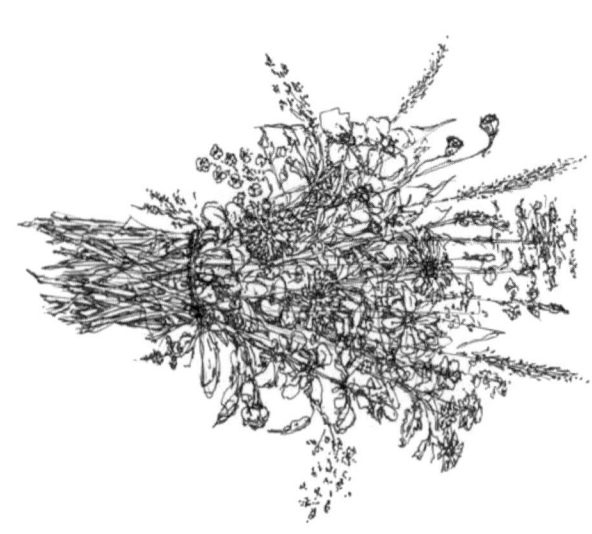

Wir leben mit unseren Eltern am Birkenweg 10b.
Wir sind glücklich, einen Garten, nette Nachbarn, viele Freundinnen und Freunde zu haben. Mehr über uns werdet ihr gleich erfahren.
Viel Spaß beim Lesen der Frühlingsgeschichte!

Sonntag

10.00 Uhr

„Schaut, wie prächtig heute die Sonne scheint. Wir gehen zusammen zum Teich. Sicher entdecken wir dort wieder viel Spannendes. Seid ihr einverstanden?", schlägt der Vater vor. „Ja", antworten Lena und Valentin gleichzeitig. Lena möchte zu Fuß gehen, damit sie einen großen Blumenstrauß pflücken kann. Valentin will schnell beim Teich sein. Deshalb fährt er mit seinem Fahrrad. Die ganze Familie macht sich auf den Weg.

11.00 Uhr

Schon seit einigen Minuten sitzen die Kinder am Ufer des Teiches. Sie hören ein seltsames Geräusch. Wer schlägt da zwei Kieselsteine aneinander? Es kommt aus dem Schilf. Lena schaut genauer zu den Halmen hoch. „Vali, Vali", flüstert sie aufgeregt, „dort, ein Teichrohrsänger!" Valentin betrachtet den kleinen, braunen Vogel und versucht sich den Namen zu merken. Er ist beeindruckt. Was Lena alles über Tiere weiß!

Montag

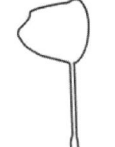

16.00 Uhr

„Ja, Vali", sagt Lena zu ihrem Bruder, „du kannst es mir wirklich glauben. Ich habe es gestern gesehen. Die Kaulquappen sind ausgeschlüpft." „Also dann, nichts wie los. Komm, wir gehen zum Teich." Mama hört zu. Sie fragt: „Was habt ihr im Sinn?" „Mama, weißt du, in der Schule werden wir Kaulquappen beobachten. Und ich habe schon welche gesehen! Vielleicht dürfen wir sie für die Schule fangen", antwortet Lena. Lena liebt Tiere über alles. Was mit Tieren zu tun hat, macht sie glücklich. Vielleicht möchte sie später einmal Tierärztin werden. „Ich freue mich so auf das Beobachten der Kaulquappen. Sie sind so herzig, vor allem die kleinen Frösche", schwärmt Lena.

17.00 Uhr

Heute bereiten die Kinder das Abendessen zu. Vor einer Stunde sind Sabrina und Alexander gekommen. Sie helfen mit. Sie backen Pizza. „Zusammen backen macht Spaß! Ich freue mich!" Die Zutaten für die Pizza haben sie bereits eingekauft. Nun kann es losgehen. Bald schon duftet es im ganzen Haus nach feinem Essen. Guten Appetit!

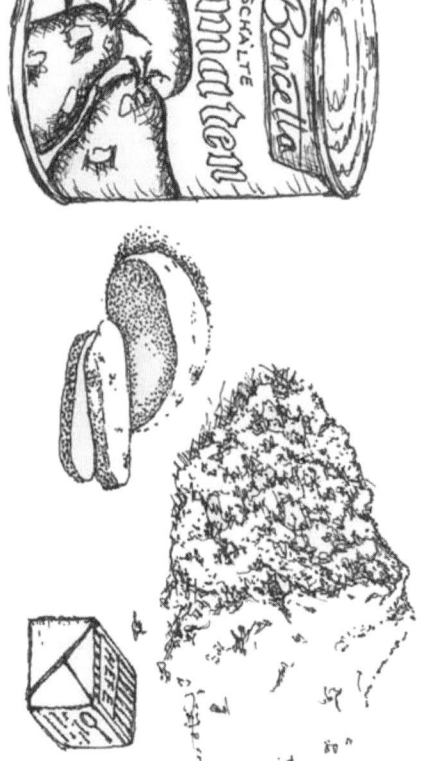

Samstag

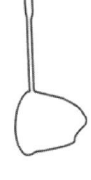

14.30 Uhr

„Lena! Komm! Wir spielen im Garten Verstecken!" „Ich komme gleich, ich lese noch das Kapitel fertig", antwortet Lena. Sie liegt gemütlich auf dem Bett und liest in ihrem Buch. Sie ist glücklich. Heute hat sie viel freie Zeit. Und sie erwarten Besuch.

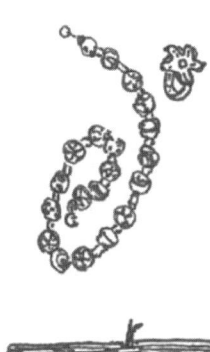

Beim Spielen erzählt Lena ihrem Bruder: „Gestern hat Frau Stutz das Kaulquappen-Aquarium geputzt. Mit einem dünnen Schlauch hat sie das Wasser angesaugt und so den Schmutz und den Kot entfernt. Zum Glück hat sie keine Kaulquappe eingesaugt! Nachdem wieder genügend Wasser im Aquarium war, durfte ich die Kaulquappen füttern. Sie bekamen Fischfutter." „Super! Komm, wir spielen weiter. Du versteckst dich jetzt! Ich zähle. Eins, zwei, … ." „Okay."

Trrr. Es läutet an der Tür. Lenas fröhliches Gesicht wird ärgerlich. Sie rennt zur Tür und schimpft dabei: „Oh! Ich habe vergessen, dass ich noch Hausaufgaben habe. Mist!" Lena öffnet die Tür. Sie begrüßt ihre Freundin Sabrina. Heute erledigen sie ihre Hausaufgaben gemeinsam: ein Frühlingsgedicht auswendig lernen. Immerhin besser als alleine, denkt Lena für sich.

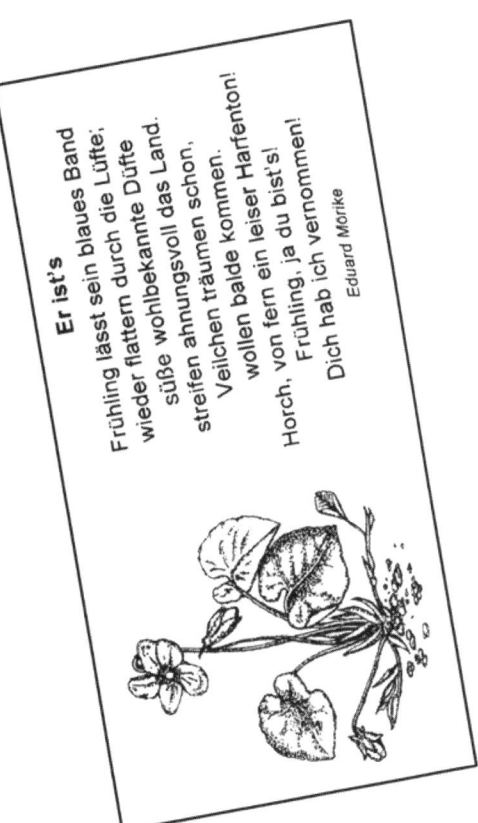

Er ist's

Frühling lässt sein blaues Band
wieder flattern durch die Lüfte;
süße wohlbekannte Düfte
streifen ahnungsvoll das Land.
Veilchen träumen schon,
wollen balde kommen.
Horch, von fern ein leiser Harfenton!
Frühling, ja du bist's!
Dich hab ich vernommen!

Eduard Mörike

Valentin zieht sich leise zurück. Das mag Valentin gar nicht, eine schlecht gelaunte Schwester, die ihre Hausaufgaben nicht gern macht.

Da fällt ihm etwas Wichtiges ein. Er möchte ein Fangnetz basteln. Damit kann er die Kaulquappen besser fangen. Valentin blättert in seinen Bastelbüchern. Er geht im Haus herum, sucht und überlegt, wie er einen Kescher basteln könnte. Jetzt hat er die zündende Idee. Ja, genau, mit einem Kleiderbügel aus Draht könnte es gehen. „Mama! Haben wir einen Kleiderbügel aus Draht?", ruft Valentin durch das Haus. „Mama!" „Vali, sei doch still! Siehst du nicht, dass wir am Arbeiten sind? Mama ist im Keller", weist Lena ihren Bruder gereizt zurecht. „So, so, danke, danke", sagt Valentin und verschwindet im Keller. Er freut sich aufs Basteln.

20.00 Uhr

Nach dem Zähne putzen und der Gutenachtgeschichte dürfen Lena und Valentin eine halbe Stunde im Bett lesen. Manchmal gibt es noch etwas zu besprechen. Heute setzt sich Mama zu Valentin ans Bett. Sie sagt: „Valentin, ich habe nochmals über den Gameboy nachgedacht und auch mit Papa darüber gesprochen. Wünsche dir den Gameboy doch zum Geburtstag. Das dauert zwar noch eine Weile, aber im Frühling und im Sommer spielst du ja meistens draußen. Was meinst du dazu?" „Ja, gute Idee." „Mama und Valentin schweigen kurz. „Aber du wirst dich dann an gewisse Regeln halten müssen." „Ja ja, ist schon klar." „Gute Nacht." „Tschau Mami."

Dienstag

11.00 Uhr

„Hallo Papa", begrüßt Valentin seinen Vater nach der Schule. Valentin ist glücklich. Er freut sich, dass Papa zu Hause ist. „Paps, kannst du mir bitte etwas helfen?" „Klar, was denn?" „Ich möchte ein Fangnetz basteln. Weißt du, ich darf für Lenas Klasse Kaulquappen fangen. Und dafür brauche ich ein Fangnetz." Der Vater hilft Valentin. Schon bald hält Valentin stolz seinen fertigen Kescher in der Hand. Er umarmt seinen Vater: „Vielen Dank, Paps! Das ist super!" „Gern geschehen. Jetzt kannst du mir auch etwas helfen, Valentin. Ich koche und du deckst den Tisch, einverstanden? Das ist wirklich nicht mein Hobby, denkt Valentin für sich. Aber er ist zu glücklich um zu widersprechen. Und schließlich hat Paps ja recht, dass ich etwas helfen könnte.

Freitag

7.00 Uhr

Beim Frühstück erzählt Valentin seinen lustigen Traum: „Ja, unser ganzer Garten war voll! Das sah unglaublich aus! Voller Leben! Es hatte junge Katzen, nicht nur zwei wie bei Alex. Nein, etwa zwanzig! Es hatte Ferkel, junge Hasen, Lämmer. Und alle auf unserer Wiese! Da war was los!"

Cornflakes kauend hört Lena ihrem Bruder zu. Dieser Traum hätte ihr auch gefallen. Sie hat nichts geträumt, glaubt sie. „Weißt du, Lena, du träumst jede Nacht. Nur weißt du es häufig nicht mehr. Ich habe dich sogar sprechen gehört." „Ach ja? Was habe ich denn gesagt?", fragt Lena ihre Mutter. Sie findet es spannend, wenn Mama von ihren nächtlichen Gesprächen erzählt. Sie spricht nämlich viel in der Nacht. „So genau habe ich es diese Nacht nicht gehört." „Schade."

13.00 Uhr

„Lena, möchtest du auch ein Fangnetz basteln, bevor wir gehen?", fragt Valentin seine Schwester. „Hm. Ich weiß nicht recht. – Nein, ich nehme einen Becher mit. Das geht doch sicher auch. Oder? So können wir gleich losgehen." „Ja klar. Also komm!" Valentin ist froh, dass Lena auch sofort starten will. Heute bringen sie die Kaulquappen nämlich in die Schule.

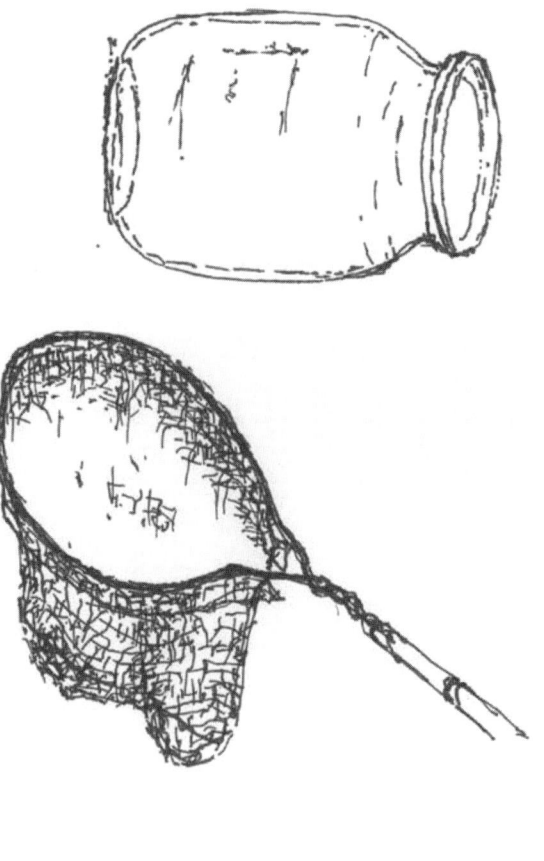

16.15 Uhr

Mit grimmigem Gesicht öffnet Valentin die Haustür. Er sagt kaum etwas und wirft die Schultasche in die Ecke. Mit einem Lächeln begrüßt die Mutter ihren Sohn. Sie sieht ihn an. „Was ist denn mit dir los?", fragt sie interessiert. „Ach, lass mich doch in Ruhe."

Nach einer kurzen Pause spricht er doch weiter: „Ich gehe heute in die Stadt und kaufe mir einen Gameboy! Auch wenn es euch nicht passt! Ich bin der Einzige in der Klasse, der keinen Gameboy hat, und das nervt!" Valentins Stimme wird immer lauter. Ruhig antwortet die Mutter: „Du bist sicher nicht der Einzige. Das weißt du." Mehr sagt sie nicht dazu.

Donnerstag

15.30 Uhr

„Hallo, Mami!", ruft Lena glücklich. „Wir haben heute die coolsten Aufgaben, die du dir denken kannst!" „Da bin ich aber gespannt. Was ist es denn?", fragt die Mutter. „Draußen spielen", antwortet Lena gehetzt. Sie hat es eilig. Mit Sabrina, ihrer Freundin, möchte sie inlineskaten. „Wann muss ich wieder da sein, Mami?" „Tja, was denkst du? Genügt euch eine Stunde?" „Ja, ja. Ich bin in einer Stunde wieder da. Dann können wir ja jetzt noch verlängern. Tschüss!" „Sei bitte vorsichtig."

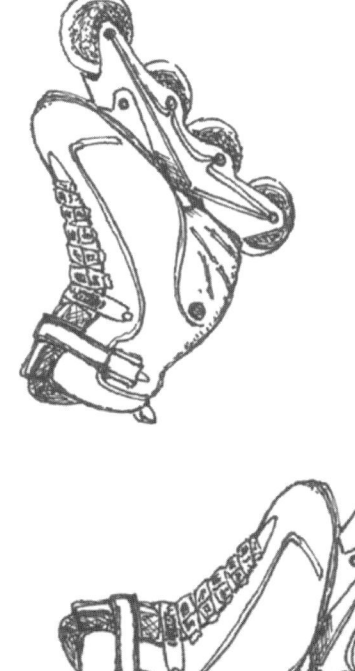

14.30 Uhr

Valentin darf Lenas Klasse besuchen. Die beiden Geschwister bringen Kaulquappen mit. Voller Freude richten alle gemeinsam das Kaulquappen-Aquarium ein: Vorsichtig schütten sie das Teichwasser mit den Tierchen ins Becken. Sie füllen es bis zum Rand mit frischem Wasser. Jetzt braucht es noch Pflanzen, Steine und Futter. „Achtung! Pass auf mit den Steinen!" „Ja, ja. Schau, hier kriecht eine Wasserschnecke." Begeistert und stolz betrachtet die Klasse ihr neues Aquarium. Die Kinder und Frau Stutz – so heißt Lenas Lehrerin – freuen sich schon auf die herzigen, kleinen Frösche. So ein spannendes Thema, denkt Lena.

Mittwoch

14.00 Uhr

„Tschau, bin um sechs Uhr wieder da!", ruft Valentin. Er hat sich mit seinem Freund Alexander verabredet. Sie spielen fast jeden Mittwochnachmittag zusammen im Freien. Darauf freut sich Valentin die ganze Woche. Er spielt fürs Leben gern draußen. Alexander lebt auf einem Bauernhof. Was es da alles zu entdecken gibt!

Da kommt er ja. „Hallo!" „Super, dass du mich abholst", begrüßt Valentin seinen Freund. „Ich möchte dir nämlich meinen Kescher zeigen, bevor wir bei dir spielen." „Gern. Und ich zeige dir nachher auch etwas. Du wirst staunen. Es ist etwas ganz Herziges!" Valentin wird neugierig. Er möchte wissen, was es ist. Aber sein Freund verrät ihm nichts. Das liebt er, Überraschungen. Valentin erklärt seinem Freund, wie er den Kescher gebastelt hat. Plötzlich ruft Valentin: „Wer ist zuerst bei dir?" Sie laufen um die Wette. Jetzt kommt die Überraschung.

„So herzig!"

oh!? süß! ? ah!

18.15 Uhr

„Hallo! Mami, du glaubst gar nicht, was ich heute Herziges gesehen habe! Alex hat wieder junge Katzen. Sie sind erst einen Tag alt. So etwas Niedliches! Nächsten Mittwoch darf ich sie in meine Hände nehmen. Sie sind sicher kuschelig weich. Und weißt du, die Augen sind noch zu. So klein und hilflos sind sie! Ach Mami, ich möchte ihnen am liebsten immer zuschauen." Valentins Begeisterung hält noch lange an. Den ganzen Abend spricht er von den jungen Kätzchen.

Der Teich im Frühling

Lies und schreibe die richtigen Zahlen in die Kreise.

1. Die Ringelnatter hat ihre Eier unter die warmen Steine gelegt.
2. Der kleine Biber ist erst zwei Tage alt.
3. Im hohen Gras versteckt liegt das Rehkitz.
4. Die Larve des Gelbrandkäfers hat eine Kaulquappe erwischt.
5. Die jungen Stockenten können schon gut schwimmen.
6. Im Frühling sieht das Teichmolchmännchen aus wie ein Mini-Drache.
7. Uff, Valentin hat sein Fangnetz vergessen!
8. Der Teichrohrsänger bringt seinen Jungen Insekten.
9. Noch sind nicht alle Kaulquappen geschlüpft. Es gibt noch Laich.

Da brauchst du scharfe Augen: Das Füchslein
schaut aus der Höhle. Die Höhle ist unter einem _____.

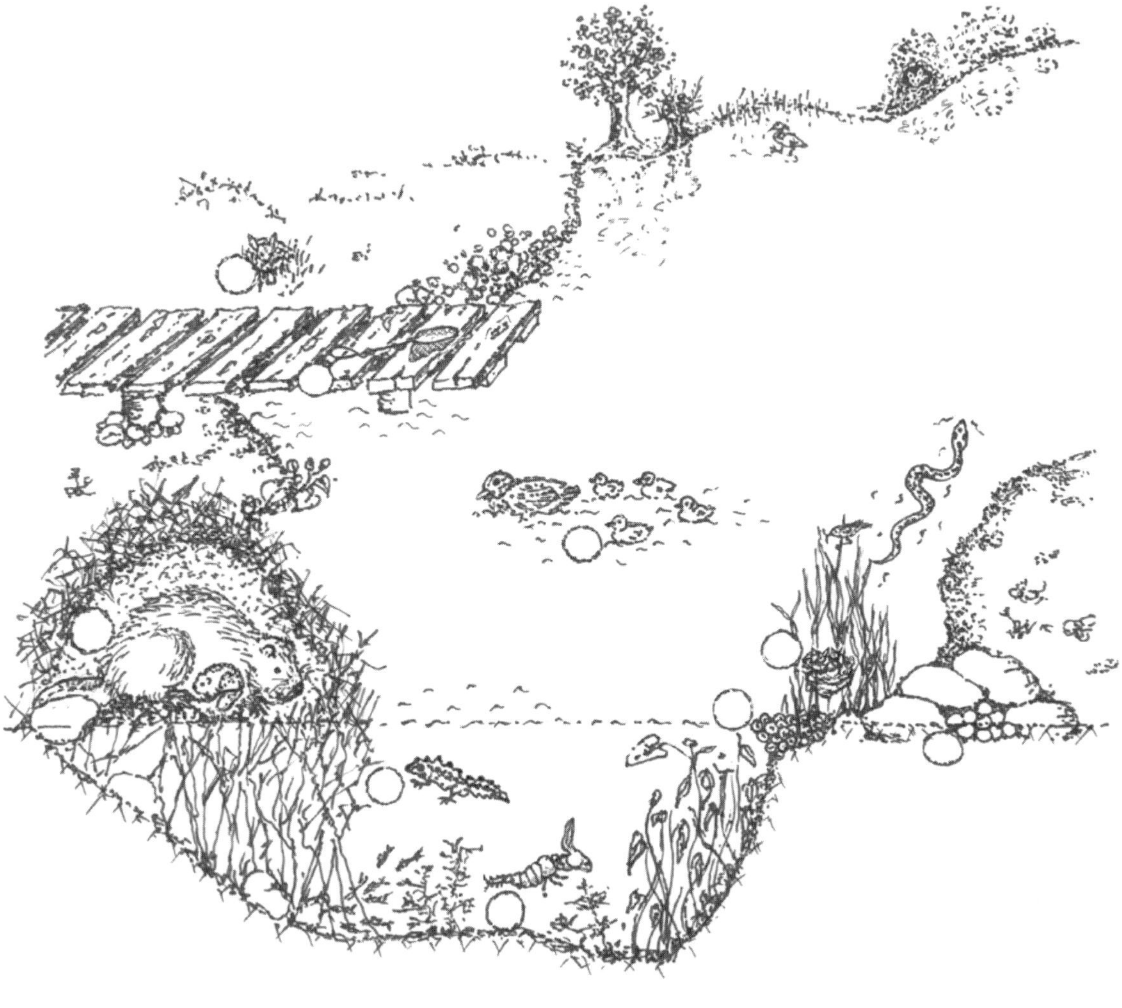

Tiere im und am Teich 1

Gelbrandkäfer, Teichmolch

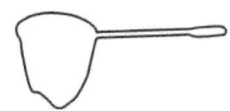

Der **Gelbrandkäfer** gehört zu den Schwimmkäfern. Er wird bis zu 3 cm lang. An Hals und Flügeln hat er einen gelben Saum. *Male ihn aus.* An Land wirkt er eher plump. Dafür kann er gut schwimmen und tauchen. Er ist ein gefräßiger Räuber und fängt Molche und Frösche. Seinen Opfern spritzt er eine Flüssigkeit ein, die sie lähmt und saugt sie dann aus.

Das Männchen hat an den vorderen Beinen Saugnäpfe. Damit hält es sich bei der Paarung am Weibchen fest. Danach bohrt das Weibchen Löcher in Wasserpflanzen und legt die Eier ab, bis zu 1000 Stück! Daraus schlüpfen die Larven. Diese sind noch gefräßiger als die Käfer selbst. Nach drei Jahren krabbeln die Larven an Land. Sie graben sich ein und verpuppen sich. Einige Wochen später schlüpfen aus den Puppen die Käfer aus.

- Fressen die Gelbrandkäfer kleine Frösche? _____
- Legt das Weibchen bis zu 100 Eier? _____

Der **Teichmolch** lebt im Frühling und Sommer im Wasser. Er wird bis zu 11 cm lang. Seine Oberseite ist bräunlich gefleckt, der Bauch ist orange. Das Männchen sieht mit seinem gewellten Rückenkamm wie ein kleiner Drache aus. Im Herbst bildet sich der Kamm zurück. Von

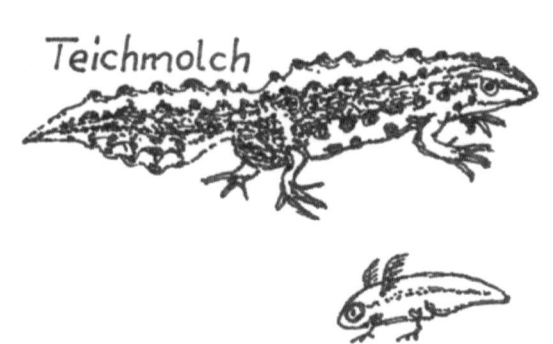

März bis Juni legt das Weibchen 100–300 Eier. Es klebt sie einzeln an Wasserpflanzen. Aus den Eiern schlüpfen Molchlarven. Sie sehen aus wie winzige Molche, atmen aber mit Kiemen. Im Herbst suchen sich die Molche an Land kühle und feuchte Verstecke. Sie leben unter Laub- und Steinhaufen oder in der feuchten Erde. Dort überwintern sie auch. Molche können einige Jahre alt werden, in Gefangenschaft sogar 10 Jahre. Der Molch hat viele Feinde: Gelbrandkäfer, Fische, Reiher, Storch, Ringelnatter.

- Kannst du im Oktober Molche finden, die wie Drachen aussehen? _____
- Muss ein Molch den Gelbrandkäfer fürchten? _____

Tiere im und am Teich 2

Teichrohrsänger, Wasserfrosch

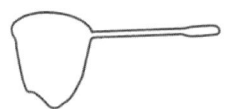

Der **Teichrohrsänger** ist ein kleiner Singvogel. Du kannst ihn bei uns nur von April bis Oktober beobachten, denn er ist ein Zugvogel. Er ist bräunlich, hat einen hellen Bauch und eine weiße Kehle. So ist er gut getarnt. Wenn er singt, tönt es ähnlich, wie wenn du zwei Kieselsteine aneinander schlägst. Der Teichrohrsänger frisst Insekten. Er lebt im Schilf. Dort rutscht er an den Halmen auf und ab und hüpft von Rohr zu Rohr. Das Nest hängt das Weibchen geschickt zwischen die Schilfstängel. Es legt 3–5 Eier. Nach 14 Tagen schlüpfen die Jungen. Der Teichrohrsänger kommt bei uns recht häufig vor. Mit Geduld und etwas Glück kannst du ihn am Teich beobachten.

- Kannst du bei uns im Januar Teichrohrsänger singen hören? _____
- Legt das Weibchen 3–5 Eier? _____

Der **Wasserfrosch** ist ein Lurch, der bei uns häufig vorkommt. Der grüne Rücken mit den Punkten tarnt ihn gut. Im Schwimmen und Hüpfen ist er ein Meister. Dabei helfen ihm die langen Hinterbeine mit den Schwimmhäuten. Er kann auch einige Minuten unter Wasser bleiben. Der Frosch frisst Insekten. Mit einem kühnen Sprung schnappt er nach ihnen. Im Frühling hörst du die Quak-Konzerte der Männchen. Sie werben um die Weibchen. Diese legen bei der Paarung Klumpen von schlüpfrigen Eiern (Laich) ins Wasser. Nach drei Wochen schlüpfen daraus Kaulquappen. Sie atmen mit Kiemen und verwandeln sich in zwei bis drei Monaten zu Fröschen. Der Frosch hat viele Feinde. Er steht bei Reiher, Storch, Eule, Ringelnatter, Fuchs und Igel auf dem Speiseplan.

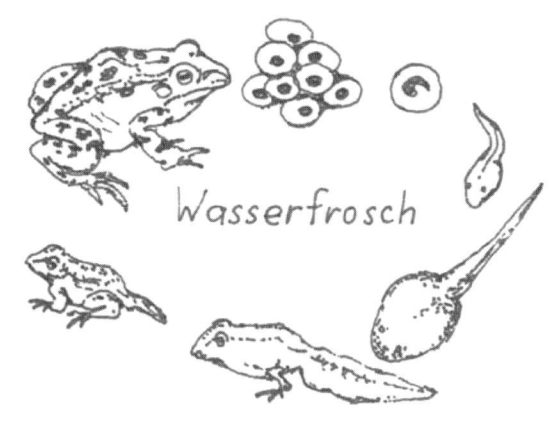

- Heißen die jungen Frösche Kaulquappen? _____
- Quaken die Frösche, weil sie Hunger haben? _____

Die Entwicklung des Frosches 1

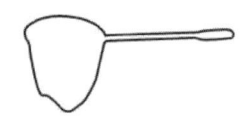

Lies den Text.

Lena und Valentin beobachten jeden Tag die Kaulquappen in der Schule. Lena hat in der Bibliothek zwei interessante Bücher zum Thema gefunden. Darum weiß sie sehr viel. Sie erzählt ihrem Bruder:

„Weißt du, Valentin, ich habe gelesen, dass Frösche Einzelgänger sind. Das heißt, sie leben meistens alleine." „Puh! Das möchte ich aber nicht!" „Ich auch nicht."

„Und weiter? Warum sagst du meistens?" „Aha, gute Frage. Nur zur Zeit der Paarung kommen sie zusammen. Die Männchen locken die Weibchen durch lautes Quaken an. Das Weibchen legt seine Eier ab. Das Männchen befruchtet die Eier." „Waren das nicht diese schwarzen Punkte, die wir gesehen haben?" „Genau. Diese befruchteten Eier nennt man Laich. Stell dir einmal vor, Vali, oft werden bis zu 4000 Eier abgelegt!" „Wow!"

„Die Froscheier steigen manchmal an die Wasseroberfläche. Die Sonnenwärme hilft nun, diese auszubrüten."

„Ja, und nach ungefähr drei Wochen haben sich die Kaulquappen entwickelt." „Das geht schnell."

Jeden Tag beobachten die Kinder in der Schule die schwimmenden Tiere. Valentin möchte noch mehr wissen. Er fragt seine Schwester: „Weißt du noch etwas?"

„Ja. Jetzt brauchen wir ziemlich lange Geduld. Denn erst, wenn die Kaulquappen etwa acht Wochen alt sind, beginnen die Hinterbeine zu wachsen. Zwei Wochen später haben sich auch die Vorderbeine entwickelt. Der Schwanz bildet sich dann zurück. Der Kopf nimmt klar die Form eines Frosches an." „Ich freue mich schon, das alles zu beobachten." „Ich auch."

„Und warum mussten wir auch Steine ins Wasser legen, die aus dem Wasser ragen?", fragt Vali neugierig. „Die Kaulquappen atmen durch Kiemen, wie die Fische. Die Frösche atmen so wie wir. Es entwickelt sich also eine Lunge." „Aha. Dann müssen sie an Land kommen um zu atmen. Komm Lena, ich bin ein Frosch. Ich sitze dort auf dem Stein, qua, qua, ..."

Die Entwicklung des Frosches 2

Beantworte die Fragen zum Text.

- Wie leben Frösche meistens?
- Wie lockt das Männchen das Weibchen an?
- Wie nennt man die befruchteten Eier?
- Wie viele Eier kann das Weibchen ablegen?
- Wie werden die Eier ausgebrütet?
- Nach wie vielen Wochen schlüpfen die Kaulquappen aus?
- Welche Beine wachsen zuerst?
- Wie atmen Kaulquappen?
- Wie atmen Frösche?
- Welches Tier spielt Valentin?

Bei der Paarung beginnt die Entwicklung. Schreibe eine 1 ins Feld. Wie geht es weiter? Nummeriere richtig.

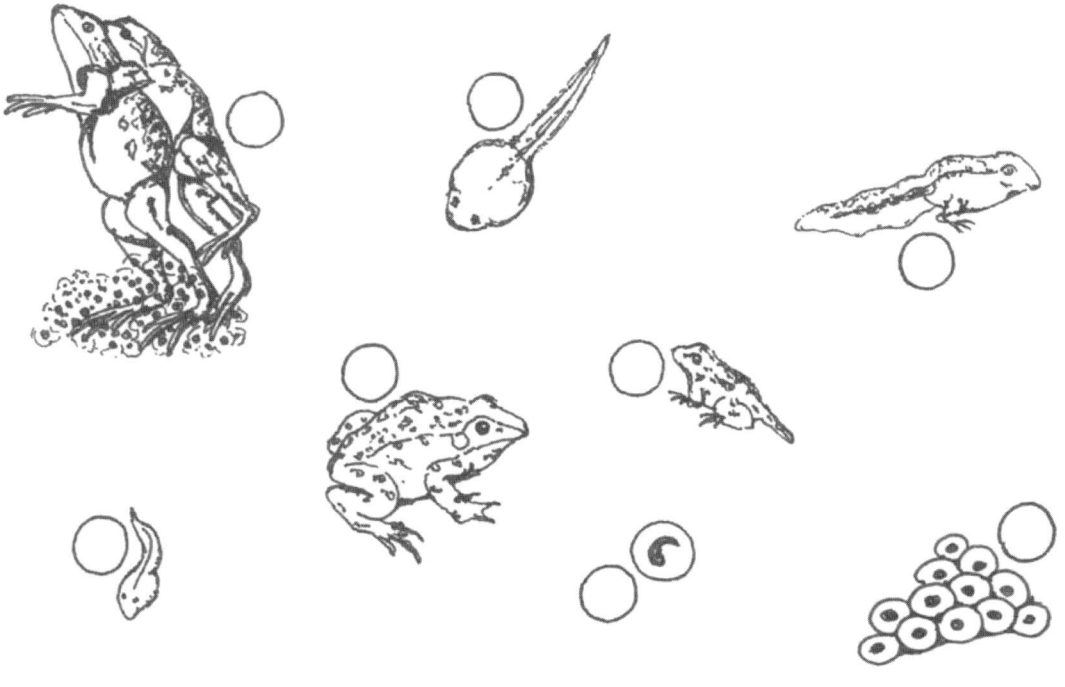

Experiment mit Wasser

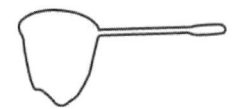

Quizfrage: Du bekommst einen Becher. Er ist gefüllt mit Wasser. Du sollst den Becher leeren, aber du darfst ihn nicht kippen und nicht austrinken. Wie machst du das?

- *Sammelt Ideen in eurer Klasse.*
- *Führe nun das Experiment durch. Arbeite draußen.*

Das brauchst du:	• einen dünnen Schlauch • einen Joghurtbecher

1. *Fülle deinen Becher mit Wasser.*
2. *Stecke den Anfang des Schlauches in den Becher.*
3. *Sauge mit dem Schlauchende Wasser an, bis zu deinem Mund.*
4. *Stopp! Schließe den Schlauch mit einem Finger.*
5. *Halte das Schlauchende nach unten (unter den Wasserspiegel). Nimm den Finger weg. Was geschieht? Schreibe es auf die Rückseite dieses Blattes.*
6. *Wiederhole 1., 2., 3., 4.*
7. *Führe das Schlauchende nach oben (über den Wasserspiegel). Was geschieht? Schreibe es auf die Rückseite dieses Blattes.*
8. *Experimentiere nun mit dem Schlauch. Wann und warum fließt das Wasser ab? Besprecht es in der Klasse. Schreibe auf.*

_____

_____

_____

_____

Übrigens:

So lässt sich auch euer Kaulquappen-Aquarium säubern. Das schmutzige Wasser lasst ihr in ein Becken ablaufen. Es ist wichtig, dass ihr das Wasser regelmäßig wechselt. Die Kaulquappen brauchen genügend Sauerstoff zum Atmen. Sonst sterben sie. Achtung! Keine Kaulquappe einsaugen! Falls es doch passiert: Schlauch sofort anheben. Die Kaulquappe fließt zu den anderen Tieren zurück. Sie wird sich schnell wieder erholen. Zum Glück!

Tierkinder – Memo

Bilder

Tierkinder – Memo

Texte

Reh	Teichrohrsänger	Biene
Im Frühling werden meist 2 Kitze abgelegt. Das gefleckte Fell tarnt sie am Anfang gut.	Aus 3–5 Eiern schlüpfen im Frühling winzige nackte Vögelchen.	Die Made wohnt in sechseckigen Kammern und wird von Jungbienen gefüttert.
Wasserfrosch	**Fuchs**	**Wildschwein**
Aus dem Laich werden Kaulquappen. Erst wachsen ihnen Hinter-, dann Vorderbeine.	Im März kommen 1–6 Junge zur Welt. Sie wohnen in einem Bau unter der Erde.	Streifen tarnen die 5–10 Frischlinge. Achtung, die Mutter verteidigt sie gut!
Schwalbenschwanz	**Wildkaninchen**	**Teichmolch**
Aus einem Ei schlüpft eine schön gefleckte Raupe. Später wird daraus eine Puppe.	Sie sind Nesthocker. Hilflos, blind und fast nackt liegen sie im weichen Nest.	Aus einem Ei schlüpft ein winziger Molch. Mit Kiemenbüscheln kann er im Wasser atmen.
Feldhase	**Maikäfer**	**Hausschwein**
Sie sind Nestflüchter. Sie haben ein dichtes Fell, können sehen und herumhoppeln.	Die weiße, gefräßige Larve heißt Engerling. Sie hat vorne 6 Beine.	2-mal im Jahr kommen 10–12 Ferkel zur Welt. Sie wiegen 1 kg und suchen sofort die Zitze.

Tierrätsel

In diesem Rätsel sind 8 Tiere deines Tiermemos versteckt. Manche stehen senkrecht, andere waagrecht. Umfahre sie mit Farbstift. Findest du alle?

J	H	X	R	Q	Q	F	U	X	S	X	V
A	O	C	E	L	R	N	N	M	J	K	H
B	G	Z	H	B	K	J	M	E	M	G	Q
H	A	U	S	S	C	H	W	E	I	N	O
T	E	I	C	H	M	O	L	C	H	Z	F
O	Y	R	H	K	C	U	L	T	P	K	U
B	A	F	W	C	I	D	A	N	R	E	C
I	V	M	A	I	K	Ä	F	E	R	F	H
E	K	U	I	B	I	N	E	X	E	E	S
N	L	F	E	L	D	H	A	S	E	R	M
E	I	C	P	E	Y	C	L	H	W	T	H
R	W	I	L	D	S	C	H	W	E	I	N

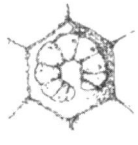

REH BIENE FUCHS WILDSCHWEIN MAIKÄFER FELDHASE TEICHMOLCH HAUSSCHWEIN

Beschrifte jedes Bild und male es aus.

Darum gibt es den Frühling

Oben im Bild ist Frühling. Links im Bild treffen die Sonnenstrahlen bei uns in Europa fast senkrecht auf die Erde. Es ist heiß. Rechts im Bild treffen die Strahlen flach auf. Es ist kalt.

Beschrifte im Bild die vier Jahreszeiten Frühling, Sommer, Herbst und Winter. Male die Sonne kräftig mit gelb und orange aus.

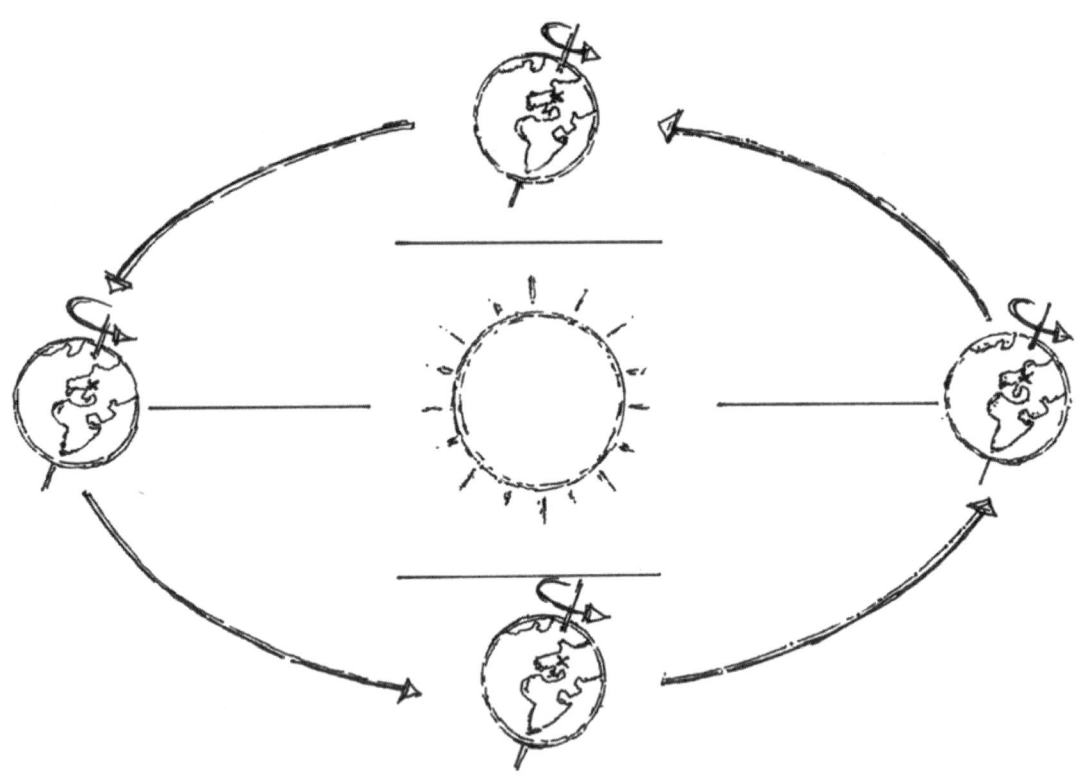

So viel weißt du schon! Was fehlt? Setze die fehlenden Wörter und Zahlen ein. Übe den korrigierten Text durch lautes Vorlesen.

Die Erde umrundet die _____. Sie dreht sich nicht nur um die Sonne, sondern auch um sich selbst. Oben im Bild ist es _____. Für den Weg um die Sonne braucht die _____ ein Jahr, also ungefähr _____ Tage. Das Jahr hat man in _____ Monate unterteilt. Der _____ umrundet etwa in einem Monat die Erde. Ein Monat dauert ____, ____, ____ oder ____ Tage. Eine Woche hat _____ Tage. Und ein Tag? Ein Tag hat ____ Stunden, eine Stunde ____ Minuten und eine Minute hat 60 _____.

28, Mond, 24, Erde, Sekunden, Sonne, 365, 30, zwölf, 29, 31, sieben, 60, Frühling

Die Sonne

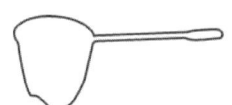

Am Morgen scheint die Sonne in Lenas Zimmer. Die Sonne geht im Osten auf. Im Laufe des Tages scheint sie über den Himmel zu wandern. Am Abend geht sie im Westen unter. „Wie ist das nun genau mit dieser Sonne?", fragt Lena ihre Mutter. „Wer bewegt sich eigentlich? Die Sonne oder die Erde?"

1. *Lies die folgenden Texte genau durch. Frage, wenn du etwas nicht verstehst.*
2. *Suche dir einen Text aus. Kreise ihn gelb ein.*
3. *Lies ihn mehrmals. Schreibe ihn auf die Rückseite dieses Blattes.*

Früher glaubte man, dass die Sonne um die Erde kreise. Vor ungefähr 400 Jahren entdeckte Kopernikus, ein berühmter Forscher, dass sich die Erde um die Sonne dreht.	
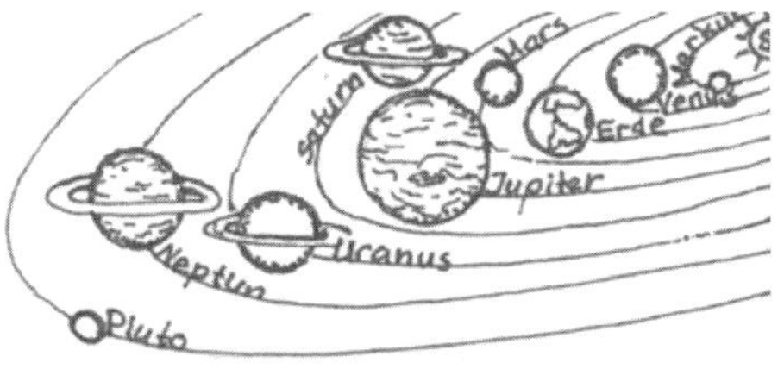	Die Sonne bildet den Mittelpunkt unseres Sonnensystems. Sie wird von 9 Planeten umkreist. Die Sonne entstand vor ungefähr fünf Milliarden (5.000.000.000) Jahren.
Im Inneren der Sonne ist es unvorstellbar heiß. Auch ihre Oberfläche ist glühend heiß. Sie hat mehrere 1000 Grad Celsius! Zum Vergleich: Kochendes Wasser hat 100 Grad.	
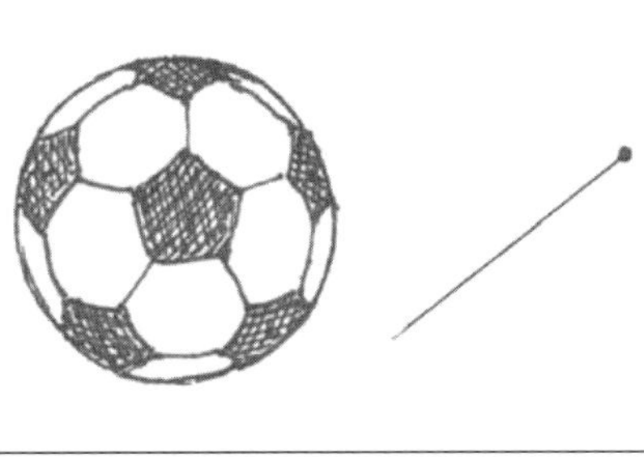	Die Sonne ist ein Stern. Sie ist sehr groß. Stell dir das einmal vor! Die Erde würde etwa eine Million Mal in die Sonne passen! Wäre die Sonne ein Fußball, so wäre die Erde ein Stecknadelkopf.

Lesekontrolle

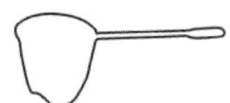

Sind die Sätze richtig oder falsch? Kreuze an.
Benütze dein Leseheft.

	ja	nein
Valentin und Alex sind Freunde.		
Lenas Bruder heißt Alex.		
Alex ist Valentins beste Freundin.		
Die Kinder beobachten Kaulquappen in der Schule.		
Sabrina übt mit ihrer Freundin ein Frühlingsgedicht.		
Alex holt am Mittwoch seinen Freund ab.		
Lena entdeckt am Teich einen Teichrohrsänger.		
Lena weiß sehr viel über Tiere.		
Am Samstag macht die Familie einen Ausflug zum Teich.		
Valentin bastelt einen Kescher.		
Valentins Mama hilft ihm beim Basteln.		
Fast jeden Dienstagnachmittag spielen Valentin und Alex zusammen im Freien.		
Lena schenkt Mama einen Blumenstrauß.		
Valentin wünscht sich einen Gameboy.		

Schreibe einen richtigen Satz ab.

Lesekontrolle: Wochentage

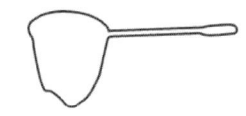

Beantworte folgende Fragen. Schau in deinem Leseheft nach.

• An welchem Tag bringen Lena und Valentin die Kaulquappen in die Schule?	
• An welchem Tag ist Lena glücklich, weil ihr die Aufgaben gefallen?	
• An welchem Tag sprechen Mama und Valentin am Abend über den Gameboy?	
• An welchem Tag beobachten Valentin und Alex die jungen Kätzchen?	
• An welchem Tag lernt Lena mit ihrer Freundin ein Frühlingsgedicht?	
• An welchem Tag geht die ganze Familie zusammen zum Teich?	
• An welchem Tag backen die Kinder mit ihren Freundinnen und Freunden Pizza?	

Diese verflixten Wochentage!
Fülle an zwei verschiedenen Tagen den folgenden Text richtig aus.

Heute ist _____, gestern war _____, vorgestern war _____. Morgen wird _____ sein, übermorgen _____. Das sind aber erst fünf Tage. Es fehlen noch _____ und _____. Bravo!	Heute ist _____, gestern war _____, vorgestern war _____. Morgen wird _____ sein, übermorgen _____. Das sind aber erst fünf Tage. Es fehlen noch _____ und _____. Bravo!

Lerne die Wochentage auswendig sprechen und schreiben.
Montag, **Di**enstag, Mi**tt**woch, Do**nn**erstag, Freitag, Samstag, So**nn**tag

Das macht Spaß

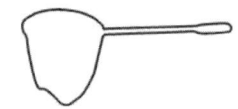

Frühlings-Würfeln

Material:
- ein Würfel
- verschiedene kleine Rechen-Arbeitsblätter
  (zum Thema, das gerade behandelt wird)

So gehst du vor: Heute spielst du alleine. Du würfelst, liest den entsprechenden Auftrag und führst ihn aus.
Frage, wenn du etwas nicht verstehst!

 Nimm das Leseheft „Frühling – Lena und Valentin" hervor. Öffne es. Suche dir eine Seite aus. Lies sie einmal für dich durch und übermale fünf Nomen braun. Zeige es deiner Lehrerin oder deinem Lehrer.

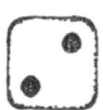 **Wie** ist es im Frühling? Schreibe ein Adjektiv an die Wandtafel, das zum Frühling passt. Aber Achtung! Jedes Adjektiv soll nur einmal an der Wandtafel stehen! Du darfst auch das Wörterbuch benützen.

Schreibe den Auftrag von der Wandtafel ab.

_____

_____

_____

 Schreibe auf die Rückseite dieses Blattes, worauf du dich im Frühling freust. Hast du diesen Auftrag schon zweimal ausgeführt? Schreibe nun, worauf du dich im Frühling **nicht** freust.

 Nimm ein kleines Rechnungsblatt. Löse es und lass es von deiner Lehrerin oder deinem Lehrer korrigieren. Nimm jedes Mal ein anderes Blatt.

 Mach eine kleine Pause.
Trinken ist sehr wichtig.
Trinke mindestens einen Schluck Wasser.

Schreibe selbst ein Frühlings-Würfel-Spiel.

Nomen

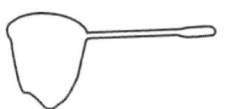

- *Lies die Texte.*
- *Schreibe die Jahreszeit dazu. Male ein passendes Bild.*

Lena und Valentin sind glücklich. Da es sehr heiß ist, schlecken sie zusammen ein Eis. Mmh! Das schmeckt köstlich! Es ist _____ .	
	Lena liebt die Farben und die Düfte. Sie ist stolz. Sie betrachtet ihren schönen Blumenstrauß. Sie schenkt ihn ihrer Mama. Es ist _____ .
Valentin ärgert sich. Er möchte seinen Drachen steigen lassen, aber es hat heute zu wenig Wind. Gestern wäre es gegangen! Es ist _____ .	
	Lena und Valentin sind erschöpft. Sie sitzen in ihrer Schneehütte und trinken warmen Punsch. Bald werden sie weiterspielen. Es ist _____ .

Lena, **V**alentin, **F**rühling, **S**ommer, **H**erbst und **W**inter sind **Nomen**.
Nomen schreibst du immer groß.

- *Kontrolliere, ob du die Jahreszeiten richtig geschrieben hast (Frü**h**ling, So**mm**er, Herbst, Winter).*
- *Übermale alle Nomen in den vier Texten braun. Es sind 18.*
- *Schreibe 10 Nomen mit dem Artikel (der, die, das) auf die Linien.*

_____

_____

_____

Stoppdiktat

1. Ihr arbeitet zu zweit.
2. Lest die Texte einmal durch. Fragt, wenn ihr etwas nicht versteht.
3. Ihr schreibt mit Bleistift.
4. Ein Kind diktiert leise das Diktat. Aufgepasst! Wenn das schreibende Kind einen Fehler macht, muss das diktierende Kind sofort STOPP sagen. Das schreibende Kind korrigiert.
5. Fertig? Bravo! Jetzt wechselt ihr.

Stoppdiktat 1

Im Frühling beginnt die warme Jahreszeit. Lena und Valentin freuen sich sehr. Am Dienstag packen sie ihre Sachen zusammen. Weißt du, wohin sie gehen? Ja klar! Sie gehen zum Teich. Sie fangen Kaulquappen. In der Schule werden sie die Tiere beobachten.

Am Samstagabend fragt die Mutter interessiert: „So, habt ihr den Kaulquappen in der Schule schon frisches Wasser gegeben?" Erstaunt fragt Sabrina: „Was? Trinken diese Tiere so viel?"

Stoppdiktat 2

Weißt du, was die wichtigste Aufgabe der Kaulquappen ist? Das Fressen. Mit kaum sichtbaren Zähnen raspeln sie Algen von Steinen und Blättern. Auch kleine Wassertiere gehören zu ihrer Nahrung. Die Kinder beobachten das jeden Tag.

Heute bekommen die Tiere von Lena Fischfutter. Entsetzt fragt Karin, eine Mitschülerin: „Schau, weshalb bewegt sich diese Kaulquappe so seltsam? Sie schüttelt sich!" „Oh! Ich habe vergessen, das Fischfutter zu schütteln!"

Kennst du auch einen Witz? Schreibe ihn auf.
Hänge ihn im Schulzimmer auf.

Im Frühling

Gedicht

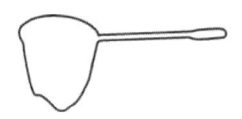

Er ist's

Frühling lässt sein blaues Band
wieder flattern durch die Lüfte;
süße, wohlbekannte Düfte
streifen ahnungsvoll das Land.
Veilchen träumen schon,
wollen balde kommen.
Horch, von fern ein leiser Harfenton!
Frühling, ja du bist's!
Dich hab ich vernommen!

Eduard Mörike

- *Lies das Gedicht dreimal laut vor.*
- *Was bedeutet „blaues Band" für euch? Sammelt und schreibt eure Ideen auf die Rückseite dieses Blattes.*
- *Schneide die Lückentexte aus. Ordne sie. Übe alle Lückentexte der Reihe nach so lange, bis du das Gedicht auswendig kannst.*
- *Achtung: Schreibe nichts in die Lücken!*

1. Frühling lässt sein _____ wieder flattern durch die Lüfte; süße, wohlbekannte Düfte streifen ahnungsvoll das Land. _____ träumen schon, wollen balde kommen. Horch, von fern ein leiser Harfenton! _____, ja du bist's! Dich hab ich vernommen!	2. Frühling lässt sein _____ wieder flattern durch die Lüfte; süße, wohlbekannte ____ streifen ahnungsvoll das Land. _____ träumen schon, wollen balde kommen. Horch, von fern ein leiser _____! _____, ja du bist's! Dich hab ich vernommen!	3. Frühling lässt sein _____ wieder _____ durch die Lüfte; süße, wohlbekannte ____ streifen ahnungsvoll das Land. _____ träumen schon, wollen balde _____. Horch, von fern ein leiser _____! _____, ja du bist's! Dich hab ich vernommen!
4. _____ lässt sein _____ wieder _____ durch die Lüfte; süße, wohlbekannte ____ streifen ahnungs___ das Land. _____ träumen schon, wollen balde _____. Horch, von fern ein leiser _____! _____, ja du bist's! Dich hab ___ vernommen!	5. _____ lässt sein _____ wieder _____ durch die ____; süße, ___bekannte ____ streifen ahnungs___ das Land. _____ träumen schon, wollen balde _____. Horch, von ____ ein leiser _____! _____, ja du bist's! Dich hab ___ ver_____!	6. _____ lässt sein _____ wieder _____ d___ die ____; süße, ___bekannte ____ streifen a_____ das Land. _____ träumen _____, w_____ balde _____. H____, von ____ ein leiser _____! _____, ja __ bist's! ____ hab ___ ver_____!

Monate

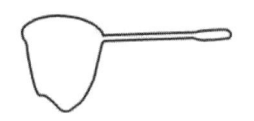

Schreibe die Monate richtig ab. Lerne sie auswendig.

Januar	Februar	März
April	Mai	Juni
Juli	August	September
Oktober	November	Dezember

Übermale die drei Frühlingsmonate orange (zräM, lirpA, iaM).

Der erste Tag eines Monats ist ein Scherztag. Welcher Monat ist es? Male ein lachendes Gesicht daneben.

Lies folgendes Gedicht. Zeichne passende Bilder rundherum.

Im Mä-hä-härz, im Mä-hä-härz
wird's uns schon warm ums Hä-hä-härz.
Die Zicklein und die Hasen,
die reiben sich die Nasen.

Der A-pril, der B-pril,
der mache, was er will.
Ach was, das ist ein Märchen,
brummen die Gummibärchen.

Im Mai fliegen die Käfer tief,
sie bringen jedem einen Brief.
Da steht vielleicht, ich liebe dich!
Wie schön wär das für dich und mich!

Kescher basteln

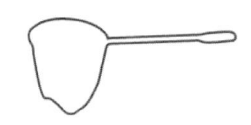

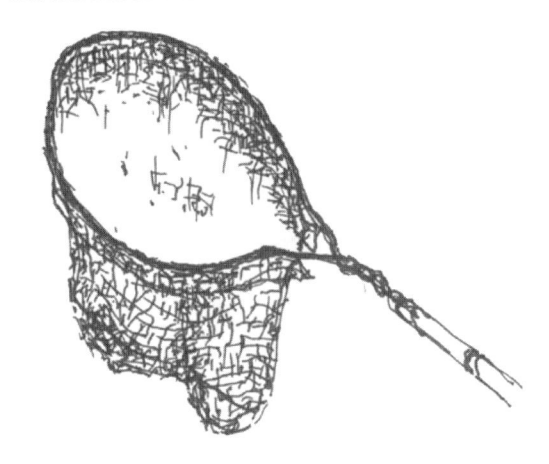

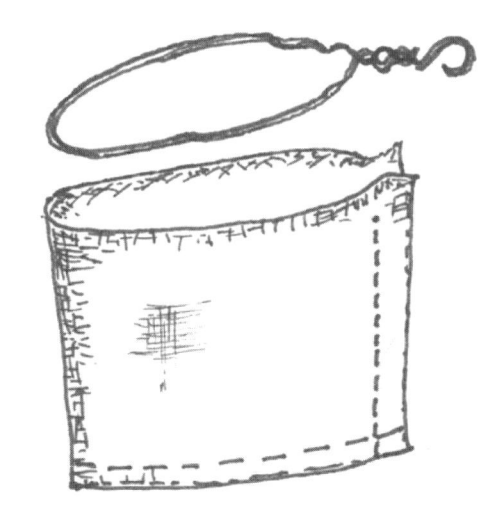

Das brauchst du:

- Kleiderbügel aus Draht
- Holzstiel (ca. 1 m)
- grobmaschigen Stoff, z. B. Vorhangtüll
- Schere
- Nadel
- Faden
- Schnur

So geht es:

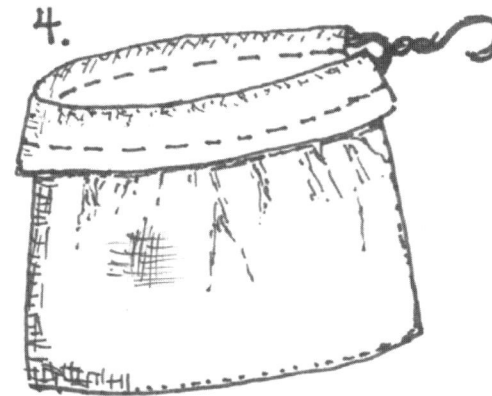

1. Biege den Kleiderbügel zu einem Ring.

2. Miss mit einer Schnur den Umfang des Ringes ab.

3. Nähe aus dem Stoff ein Säckchen. Es soll etwas weiter sein als der Umfang des Drahtringes.
   Wichtig: Nähe das Säckchen mit feinen Stichen, sonst entwischen dir alle kleinen Tiere.

4. Die Öffnung des Säckchens schlägst du um den Ring. Schau das Bild genau an.

5. Nähe das Säckchen am Drahtring fest.

6. Biege den Haken des Kleiderbügels gerade. Befestige das Ganze an einem Stiel aus Holz oder Bambus. Wickle eine Schnur darum herum. So hält es sicher gut.

Und nun wünschen wir dir viel Spaß mit deinem Kescher!

Pizza mit Salat

Frühlingsrezept

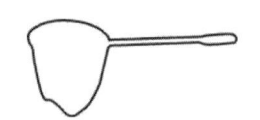

Am Samstag bereiten Lena, Sabrina, Valentin und Alexander gemeinsam das Abendessen zu. Möchtest du auch mit deinen Freunden und Freundinnen backen? Wir wünschen dir viel Spaß dabei!

Das Rezept reicht für vier hungrige Personen (ein Blech).

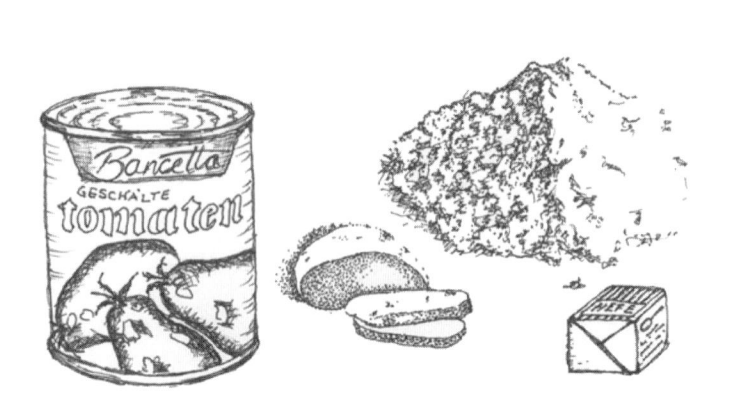

> 500 g Mehl
> 1 Teelöffel Salz
> 2 Esslöffel Öl
> 20 g Hefe
> 3 dl warmes Wasser
> 1 Dose geschälte Tomaten
> 400 g Mozzarella
> evtl. Schinken, Oliven, ...
> (alles, was ihr gerne esst)
> Salz, Pfeffer, Basilikum

1. Gebt das Mehl, das Salz und das Öl in eine Schüssel.
2. Rührt die Hefe mit dem warmen Wasser an.
3. Knetet alles zu einem Teig, bis er nicht mehr klebt.
4. Nun müsst ihr den Teig ruhen lassen, bis er doppelt so groß ist (etwa 1 Stunde).
   Tipp: Wenn ihr wenig Zeit habt, könnt ihr auch einen fertig ausgerollten Pizzateig im Laden kaufen.
5. Rollt den Teig aus. Legt ihn auf das eingefettete Blech.
6. Heizt den Backofen auf 250 Grad vor.
7. Schneidet den Mozzarella und alles, was ihr auf der Pizza haben möchtet, in kleine Stücke.
8. Legt alles, auch die geschälten Tomaten, auf den Teig. Würzt die Pizza.
9. Backt die Pizza etwa 20 Minuten.

Guten Appetit! Ein grüner Salat dazu, zum Beispiel mit ein paar jungen Löwenzahnblättern und hart gekochten Eiern, schmeckt herrlich!

Pizza

Rechengeschichten

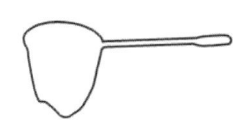

Das Rezept reicht für vier hungrige Personen (ein Blech).

500 g Mehl
1 Teelöffel Salz
2 Esslöffel Öl
20 g Hefe
3 dl warmes Wasser
1 Dose geschälte Tomaten
400 g Mozzarella

Lies die Rechengeschichten und beantworte die Fragen.

Lena und Valentin möchten noch einen Teil des Teiges einfrieren. Deshalb bereiten sie heute doppelt so viel Teig zu. Wie viel Mehl brauchen sie?	
Da Alexander nicht gerne Käse isst, geben die Kinder nur die Hälfte des Mozzarellas auf die Pizza. Wie viel Gramm Käse nehmen sie?	
Für das nächste Klassenfest bereitet ihr sechs Bleche Pizza zu. Wie viel Hefe kauft ihr ein?	
Für die sechs Pizzas braucht ihr auch mehr Wasser. Wie viel?	
„Nein, das ist zu viel!", sagt Mama, „wir haben noch Pizza von gestern. Es genügt, wenn du nur eine kleine backst. Nimm von allem die Hälfte." Wie viel Öl braucht Lena?	

Schreibe auf die Rückseite eigene Rechengeschichten.

Frühlingsausmalbild

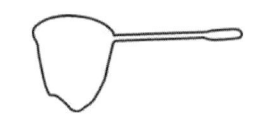

Male mit den Farbstiften.

Beginne in der Mitte des Bildes.
Male die kleine Blüte rosa und gelb. Die Stängel der Schneeglöckchen sind hellgrün, die Blätter dunkelgrün. Die Blütenblätter bleiben weiß.
Für die Bienen wählst du Braun- und Gelbtöne, die Flügel sind hellgrau. Der Zwischenraum des inneren Kreises ist zart hellblau.
Die größeren Blümchen der Girlande malst du dunkelblau und orange, die kleinen rot und gelb aus. Die Blätter sind grün.
In welcher Farbe malst du die kleinen Kreise? _____

Schon fertig? Jetzt erhältst du ein zweites Frühlingsausmalbild.
Gestalte es nach deinen Wünschen.

Frühlingsmonate

Welche Wörter passen zu welchem Monat?

Schreibe und zeichne ein Monatsbild.

letzter Frühlingsmonat, Primeln, Scherztag, Frühlingsanfang, Maikäfer, vierter Monat des Jahres, Wonnemonat, Tag- und Nachtgleiche, Maiglöckchen, 30 Tage, nach dem Februar, Frühlingsferienbeginn

	März

	April

	Mai

Welcher ist dein Lieblingsmonat? Warum?
Schreibe deine Antwort auf die Rückseite dieses Blattes.

Frühlings-Rap

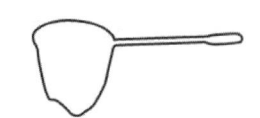

- *Ihr steht zusammen im Kreis. Wippt alle im gleichen Tempo langsam nach rechts, nach links, nach rechts ... bis sich alle im genau gleichen Rhythmus hin und her bewegen.*
- *Übt erst dann, den Rap dazu zu sprechen.*

wippen rechts   links   rechts   links

Im Früh-ling rappen, das ist cool und bald schon lie-gen wir am Pool,

a-ber noch nicht heu-te, nein nein hört zu ihr Leu-te,
wir wip-pen hier im Krei-se, und machen's heut' nicht lei-se,
wir rap-pen du und ich.   Ju-hui, ich freue mich!

- *Übt auch diesen zweiten kurzen Teil zusammen.*
- *Klatscht (x) immer auf 2 und 4, bis ihr es fast im Schlaf könnt.*

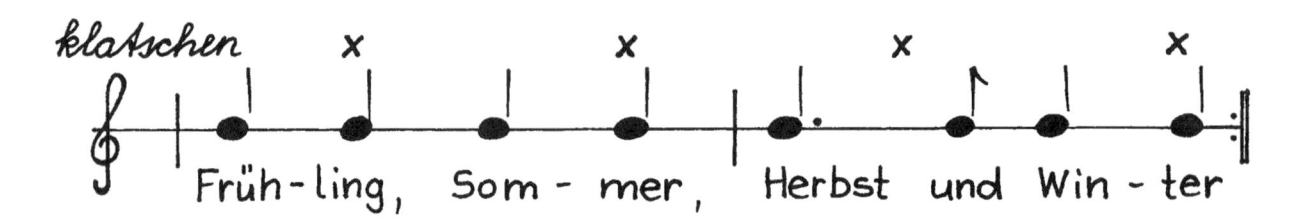

klatschen   x   x   x   x

Früh-ling,   Som-mer,   Herbst und Win-ter

Gelingt es euch, beide Teile gleichzeitig zu sprechen? Ihr könnt zum Beispiel zwei Kreise bilden. Eine Gruppe beginnt mit dem ersten Teil, die zweite Gruppe setzt ein, nachdem die erste Gruppe den Rap einmal durchgesprochen hat.

Wie häufig müsst ihr den zweiten Teil sprechen, bis der erste Teil beendet ist?

Jahreszeitenlied

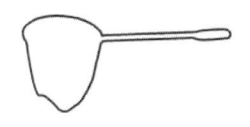

Gerda Bächli

1. Frühling ist's, es scheint die Sonne draußen auf der Wiese.
2. Sommer ist's, die Frösche hüpfen draußen auf der Wiese.
3. Herbst ist's und die Blätter wirbeln über unsre Wiese.
4. Winter ist's, die Flocken tanzen über unsre Wiese.

Frühling ist's, es scheint die Sonne draußen auf der Wiese.
Sommer ist's, die Frösche hüpfen draußen auf der Wiese.
Herbst ist's und die Blätter wirbeln über unsre Wiese.
Winter ist's, die Flocken tanzen, leise schneit es ein.

1.-3. Komm und tanz mit mir draußen auf der Wiese.
4. Komm und tanz mit mir, eng ist's hier im Zimmer, doch es wird ja bald

1.-3. draußen auf der Wiese.
4. wieder Frühling sein!

Bei diesem Jahreszeitenlied soll und darf getanzt werden.
- *Im Refrain hüpft ihr zum Beispiel wie ein Frosch (Frühling) oder ihr tanzt wie eine Schneeflocke (Winter).*
- *Erarbeitet für den Refrain gemeinsam einen kleinen Tanz.*
- *Bei den Strophen bleibt ihr jeweils wieder stehen oder sitzen. Wenn ihr das Lied gut singen könnt, begleitet ihr die Strophen mit körpereigenen Instrumenten (klatschen, schnippen, ...).*

„Der Frühling" von A. Vivaldi 1

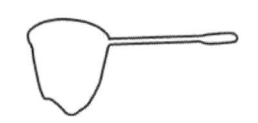

La primavera

„La primavera" heißt auf Italienisch der Frühling. Antonio Vivaldi, ein italienischer Komponist, hat vor ungefähr 300 Jahren Musik zu den vier Jahreszeiten komponiert. Zum Frühling hat Antonio Vivaldi drei verschiedene musikalische Sätze geschrieben. Wie welcher Satz heißt, wirst du nun selbst heraushören.

„Allegro" bedeutet auf Italienisch lustig, heiter.

„Largo" heißt auf Italienisch breit, langsam.

- *Nimm einen Bleistift und mach es dir möglichst bequem.*
- *Höre die drei Sätze (etwa 10 Minuten). Schreibe auf die Linien, wie sie heißen. Zwei Sätze heißen „Allegro", ein Satz heißt „Largo". Tja, aber welcher heißt wie?*
- *Welcher Satz gefällt dir am besten? Male ein lachendes Gesicht.*

1. _____

2. _____

3. _____

- *Korrigiert gemeinsam.*
- *Hört die Frühlingsmusik noch einmal. Male mit Farbstiften das Bild zu Ende.*

„Der Frühling" von A. Vivaldi 2

La primavera

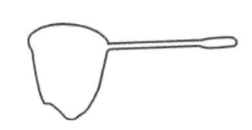

Rätsel

Was ist das? Es ist ein Instrument. Du hörst es immer wieder in der Jahreszeitenmusik von Antonio Vivaldi. Es ist enorm schwierig zu spielen. Es klingt noch nicht sehr musikalisch, wenn jemand anfängt die Saiten dieses Instruments zu streichen. Und doch, wenn es ein Künstler oder eine Künstlerin spielt, klingt es wunderschön!

Es ist _____ .

- *Lies den Text.*

Paula klemmt ihre Geige unter das Kinn. Den Bogen nimmt sie in die rechte Hand. Wenn Paula mit dem Bogen über die Saiten streicht, schwingen sie. Es entstehen Töne. Der Klang wird durch den Holzkörper verstärkt.

Die Finger der linken Hand drücken die Saiten auf das Griffbrett. So kann sie die Tonhöhe verändern. Fast jeden Tag übt Paula. Es macht ihr großen Spaß.
Dieses Streichinstrument nennt man auch Violine.

- *Beschrifte die Teile der Geige.*

Bogen, Saiten, Griffbrett, Kinnhalter, Schnecke, Wirbel, Steg, Holzkörper, f-Loch

Stell dir vor …

Frühlingsträume mit Musik von A. Vivaldi

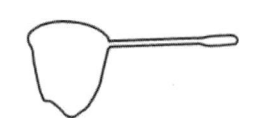

La primavera: „Largo"

1. Bildet Zweiergruppen.
2. Lest einander folgenden Frühlingstext vor.

Stell dir vor:

Ein schöner Frühlingsmorgen. Du sitzt am Waldrand auf einem weichen Moospolster zwischen Veilchen und Buschwindröschen. Es ist kühl, die Sonne ist noch nicht aufgegangen. Du fröstelst leicht. Hoch in der Luft schwirrt eine Lerche. Ihr lieblicher Gesang ist gut zu hören. Du schaust zu den grünen Hügeln und den weißen Schneebergen hinüber. Zuerst siehst du nur einen hellen Streifen am Horizont. Langsam geht er in zartes Lila über. Nach und nach werden die Farben leuchtender: violett, orange, gelb. Und dann ist es soweit: Ein strahlend heller Punkt erscheint hinter den Bergspitzen und wird langsam größer. Die Sonne geht auf. Sie verzaubert die Welt mit ihrem hellen Licht. Ihre ersten Strahlen wärmen deine kühle Haut. Die Luft ist erfüllt von freudigem Zwitschern, Trällern und Jubilieren. Die Vögel begrüßen den neuen Tag. Du bist glücklich und denkst: Wenn ich Flügel hätte – ich würde ins goldene Licht fliegen.

3. Setz dich gemütlich hin, leg z. B. den Kopf auf deine Arme. Vielleicht darfst du dich auch hinlegen.
4. Höre die Frühlingsmusik. Stell dir vor: Du sitzt am Waldrand und …
5. Höre das Stück noch einmal.
6. Male dazu ein Frühlingsbild. Zuerst zeichnest du verschiedene Blüten und Blätter. Dann malst du sie aus.
7. Welche Farben hast du gewählt?_____

_____

Frühlingsspiele im Schulzimmer

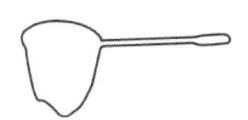

Den Bären wecken

Es geht die Legende, dass Bären am Ende des Winters mit offenen Augen schlafen. Weißt du warum? Damit sie den Frühling nicht verpassen.

Spielt und helft mit eurem Augenzwinkern.

Material:
- pro Person ein kleiner, zerknüllter Zettel
- ein Zettel gekennzeichnet mit W (= Wecker)

So geht ihr vor: Teilt die Klasse in zwei Gruppen. Setzt euch in einen Kreis, damit ihr euch gut ansehen könnt. Verteilt die zerknüllten Zettel. Das Kind mit dem W auf dem Zettel ist der heimliche Wecker. Mit einem Augenzwinkern kann es die Bären aus dem Winterschlaf wecken. Aber Achtung! Es soll dies möglichst heimlich tun. Das Spiel ist nämlich dann zu Ende, wenn der Wecker entdeckt wird. Hat der Wecker einem Kind zugezwinkert, so zählt es leise auf zehn, steht auf und sagt: „Ich bin wach!" Wer das Augenzwinkern des Weckers sieht, sagt es. Nennt ein Kind einen falschen Wecker, müssen beide aufstehen. Wie viele Bären werden geweckt?

Lena, aufgepasst! – Valentin, aufgepasst!

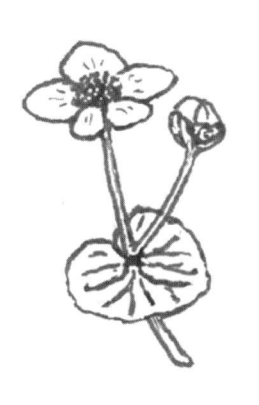

Material:
- einige Blumen: echte oder selbst gebastelte

So geht ihr vor: Es spielt die ganze Klasse. Eine/einer darf Lena oder Valentin spielen und sitzt vorne. Die Augen sind geschlossen. Achtung! Aufgepasst! So hört Lena/Valentin umso besser! Die Blumen liegen verstreut neben dem Kind. Du möchtest solch eine wunderschöne Blume schnappen. Der Spielleiter oder die Spielleiterin schaut dir in die Augen. Leise schleichst du zur Blume und nimmst sie. Hört dich Lena/Valentin, bevor du die Blume hast? Lena/Valentin zeigt in deine Richtung, du gehst zu deinem Platz zurück. Schafft ihr es, alle Blumen wegzunehmen?

Frühlingsspiele im Freien

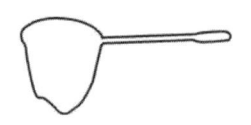

Im Frühling macht das Spielen im Freien besonders Spaß.

Piraten und Tierschützer

Material: • rote und grüne Bänder

So geht ihr vor: Es spielt die ganze Klasse. Ihr bestimmt drei oder vier Piraten. Sie erhalten rote Bänder und fangen. Die Piraten kennen viele Tiere, so wie Lena. Ihr bestimmt auch noch zwei Tierschützer. Sie erhalten grüne Bänder. Nun geht's los. Fängt der Pirat ein Kind, so sagt er zum Beispiel: „Du bist ein Löwe." Das Kind spielt einen Löwen. Finden die Tierschützer heraus, welches Tier es ist? Dann berühren sie mit dem Band den Löwen und sagen: „Ich befreie den Löwen!" Wenn es stimmt, ist das Kind wieder frei. Schaffen es die Piraten, alle Kinder in Tiere zu verzaubern, bevor die Tierschützer sie wieder befreit haben?

Schattenbild

Material:
• Kreide
• Die Sonne muss scheinen.

So geht ihr vor: Ihr spielt zu zweit. Kennt ihr Schatten fangen? Ein Kind versucht, auf den Schatten des anderen Kindes zu treten. Spielt, bis ihr eine Pause braucht. Nun schaut ihr eure Schatten genau an. Ein Kind bewegt sich solange, bis das andere STOPP ruft. Mit der Kreide malt das Kind die Konturen des Schattenbildes nach. Fertig? Jetzt wechselt ihr. Gefallen euch die Bilder? Umfahrt die Konturen mit einer anderen Farbe nochmals und nochmals und nochmals ... bis euer Schattenbild fertig ist.

Zwölfe!

Monatsverse

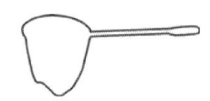

Im Ja-nuar, im Nein-uar,
da sind die Tage kalt und klar.
Soll draußen oder drin ich sein,
das fragen sich jetzt Groß und Klein.

Im Fe-brrr-uar, im Fe-brrr-uar,
da ist es manchmal sonderbar,
die Hexen machen wild Radau,
verkleidet sind Kind, Mann und Frau.

Im Mä-hä-härz, im Mä-hä-härz
wird's uns schon warm ums Hä-hä-härz.
die Zicklein und die Hasen,
die reiben sich die Nasen.

Der A-pril, der B-pril,
der mache, was er will.
Ach was, das ist ein Märchen,
brummen die Gummibärchen.

Im Mai fliegen die Käfer tief,
sie bringen jedem einen Brief.
Da steht vielleicht, ich liebe dich!
Wie schön wär das für dich und mich!

Im Juni nie und nimmer
bleibst du im dunklen Zimmer.
Stolz wie ein Pfau machst du das Rad
und nimmst auch schon ein erstes Bad.

Im Juli ist die Schule aus,
wir gehen gut gelaunt nach Haus`.
Die Sonne brennt vom Himmel,
im Schwimmbad ein Gewimmel!

Willst du den dummen August sehn,
so musst du in den Zirkus gehn.
Und auf dem Heimweg denkst du dann:
Bald fängt das neue Schuljahr an.

Im Stillen denkt der Septem-bär,
wenn ich doch nur der Einz'ge wär.
Doch Bären gibt es viere,
so drollig sind die Tiere.

Nur drei, schreit da der Okto-beer
und räkelt sich am Mittelmeer.
Im Herbst ist's dort noch nicht so kalt,
auch wenn schon bunt sich färbt der Wald.

Der Novem-bär, der lacht verschmitzt,
derweil er hinterm Ofen sitzt.
Da draußen ist es bitterkalt,
das Jahr ist halt schon grau und alt.

Dem Dezem-bär, dem Dezem-bär
dem fällt das Warten ach so schwer.
Er möchte gern das Christkind sehn,
man sagt, es sei so wunderschön.

Marianne Grether

Lösungen

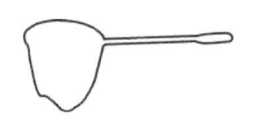

Tiere im und am Teich 1, S. 22:

- Fressen die Gelbrandkäfer kleine Frösche?   **ja**
- Legt das Weibchen bis zu 100 Eier?   **nein**

- Kannst du im Oktober Molche finden, die wie Drachen aussehen? **nein**
- Muss ein Molch den Gelbrandkäfer fürchten? **ja**

Tiere im und am Teich 2, S. 23:

- Kannst du bei uns im Januar Teichrohrsänger singen hören? **nein**
- Legt das Weibchen 3–5 Eier?   **ja**

- Heißen die jungen Frösche Kaulquappen?   **ja**
- Quaken die Frösche, weil sie Hunger haben? **nein**

Lesekontrolle Wochentage, S. 33:

An welchem Tag bringen Lena und Valentin die Kaulquappen in die Schule?	Dienstag
An welchem Tag ist Lena glücklich, weil ihr die Aufgaben gefallen?	Donnerstag
An welchem Tag sprechen Mama und Valentin am Abend über den Gameboy?	Freitag
An welchem Tag beobachten Valentin und Alex die jungen Kätzchen?	Mittwoch
An welchem Tag lernt Lena mit ihrer Freundin ein Frühlingsgedicht?	Montag
An welchem Tag geht die ganze Familie zusammen zum Teich?	Sonntag
An welchem Tag backen die Kinder mit ihren Freundinnen und Freunden Pizza?	Samstag

Die Entwicklung des Frosches 2
Lösung

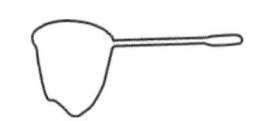

Beantworte die Fragen zum Text.

- Wie leben Frösche meistens? — allein
- Wie lockt das Männchen das Weibchen an? — durch lautes Quaken
- Wie nennt man die befruchteten Eier? — Laich
- Wie viele Eier kann das Weibchen ablegen? — bis zu 4000 Eier
- Wie werden die Eier ausgebrütet? — durch die Sonne
- Nach wie vielen Wochen schlüpfen die Kaulquappen aus? — nach ungefähr drei Wochen
- Welche Beine wachsen zuerst? — die Hinterbeine
- Wie atmen Kaulquappen? — mit Kiemen
- Wie atmen Frösche? — mit der Lunge
- Welches Tier spielt Valentin? — einen Frosch

Bei der Paarung beginnt die Entwicklung. Schreibe eine 1 ins Feld.
Wie geht es weiter? Nummeriere richtig.

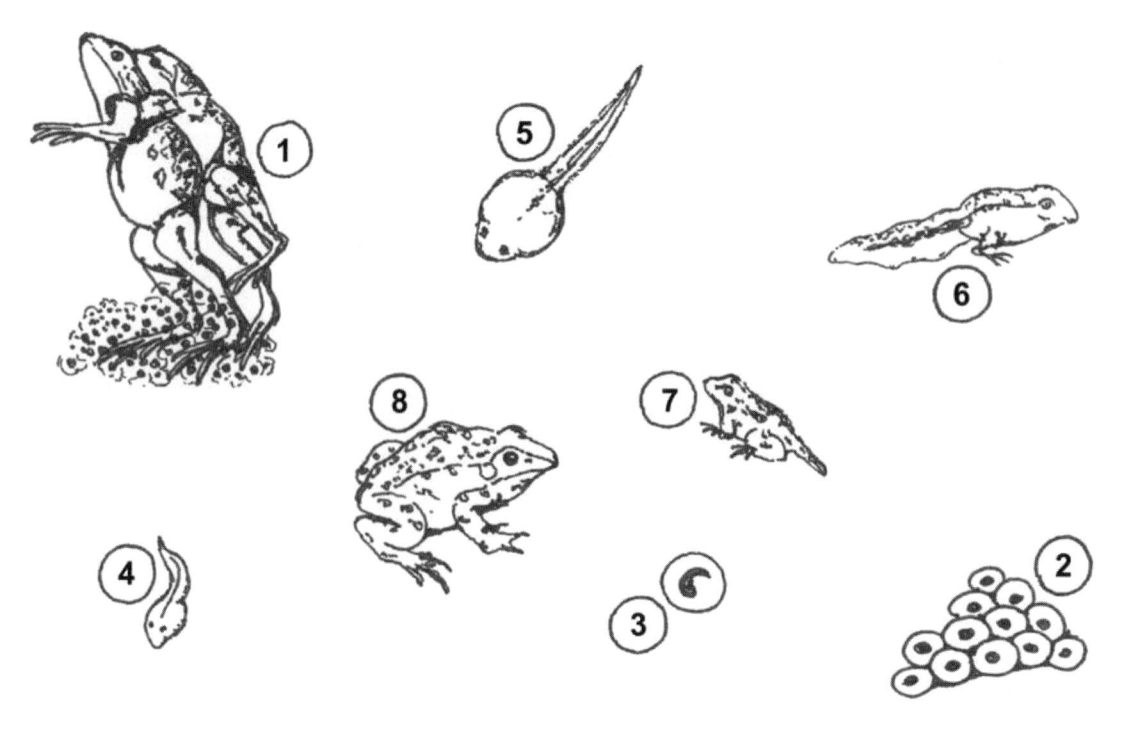

Tierrätsel

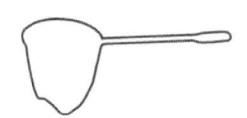

In diesem Rätsel sind 8 Tiere deines Tiermemos versteckt. Manche stehen senkrecht, andere waagrecht. Umfahre sie mit Farbstift. Findest du alle?

Teichmolch    Wildschwein    Feldhase

J	H	X	R	Q	Q	F	U	X	S	X	V
A	O	C	E	L	R	N	N	M	J	K	H
B	G	Z	H	B	K	J	M	E	M	G	Q
H	A	U	S	S	C	H	W	E	I	N	O
T	E	I	C	H	M	O	L	C	H	Z	F
O	Y	R	H	K	C	U	L	T	P	K	U
B	A	F	W	C	I	D	A	N	R	E	C
I	V	M	A	I	K	Ä	F	E	R	F	H
E	K	U	I	B	I	N	E	X	E	E	S
N	L	F	E	L	D	H	A	S	E	R	M
E	I	C	P	E	Y	C	L	H	W	T	H
R	W	I	L	D	S	C	H	W	E	I	N

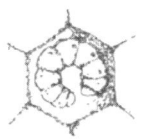

Reh

Biene

REH BIENE FUCHS WILDSCHWEIN MAIKÄFER FELDHASE TEICHMOLCH HAUSSCHWEIN

Hausschwein    Fuchs    Maikäfer

Beschrifte jedes Bild und male es aus.

Lesekontrolle – Lösung

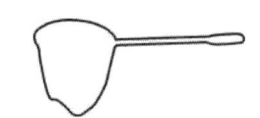

Sind die Sätze richtig oder falsch? Kreuze an.
Benütze dein Leseheft.

	ja	nein
Valentin und Alex sind Freunde.	X	
Lenas Bruder heißt Alex.		X
Alex ist Valentins beste Freundin.		X
Die Kinder beobachten Kaulquappen in der Schule.	X	
Sabrina übt mit ihrer Freundin ein Frühlingsgedicht.	X	
Alex holt am Mittwoch seinen Freund ab.	X	
Lena entdeckt am Teich einen Teichrohrsänger.	X	
Lena weiß sehr viel über Tiere.	X	
Am Samstag macht die Familie einen Ausflug zum Teich.		X
Valentin bastelt einen Kescher.	X	
Valentins Mama hilft ihm beim Basteln.		X
Fast jeden Dienstagnachmittag spielen Valentin und Alex zusammen im Freien.		X
Lena schenkt Mama einen Blumenstrauß.	X	
Valentin wünscht sich einen Gameboy.	X	

Schreibe einen richtigen Satz ab.

_____

_____

Pizza – Lösung

Rechengeschichten

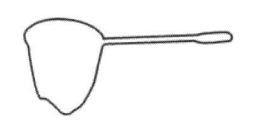

Das Rezept reicht für vier hungrige Personen (ein Blech).

500 g Mehl
1 Teelöffel Salz
2 Esslöffel Öl
20 g Hefe
3 dl warmes Wasser
1 Dose geschälte Tomaten
400 g Mozzarella

Lies die Rechengeschichten und beantworte die Fragen.

Lena und Valentin möchten noch einen Teil des Teiges einfrieren. Deshalb bereiten sie heute doppelt so viel Teig zu. Wie viel Mehl brauchen sie?	1 kg oder 1000 g Mehl
Da Alexander nicht gerne Käse isst, geben die Kinder nur die Hälfte des Mozzarellas auf die Pizza. Wie viel Gramm Käse nehmen sie?	200 g Mozzarella
Für das nächste Klassenfest bereitet ihr sechs Bleche Pizza zu. Wie viel Hefe kauft ihr ein?	120 g Hefe
Für die sechs Pizzas braucht ihr auch mehr Wasser. Wie viel?	1,8 l oder 1 l 8 dl
„Nein, das ist zu viel!", sagt Mama, „wir haben noch Pizza von gestern. Es genügt, wenn du nur eine kleine backst. Nimm von allem die Hälfte." Wie viel Öl braucht Lena?	1 Esslöffel Öl

Schreibe auf die Rückseite eigene Rechengeschichten.

"Der Frühling" von A. Vivaldi 2 – Lösung

La primavera

Rätsel

Was ist das? Es ist ein Instrument. Du hörst es immer wieder in der Jahreszeitenmusik von Antonio Vivaldi. Es ist enorm schwierig zu spielen. Es klingt noch nicht sehr musikalisch, wenn jemand anfängt die Saiten dieses Instrumentes zu streichen. Und doch, wenn es ein Künstler oder eine Künstlerin spielt, klingt es wunderschön!

Es ist die Geige   .

- *Lies den Text.*

Paula klemmt ihre Geige unter das Kinn. Den Bogen nimmt sie in die rechte Hand. Wenn Paula mit dem Bogen über die Saiten streicht, schwingen sie. Es entstehen Töne. Der Klang wird durch den Holzkörper verstärkt.

Die Finger der linken Hand drücken die Saiten auf das Griffbrett. So kann sie die Tonhöhe verändern. Fast jeden Tag übt Paula. Es macht ihr großen Spaß.
Dieses Streichinstrument nennt man auch Violine.

- *Beschrifte die Teile der Geige.*

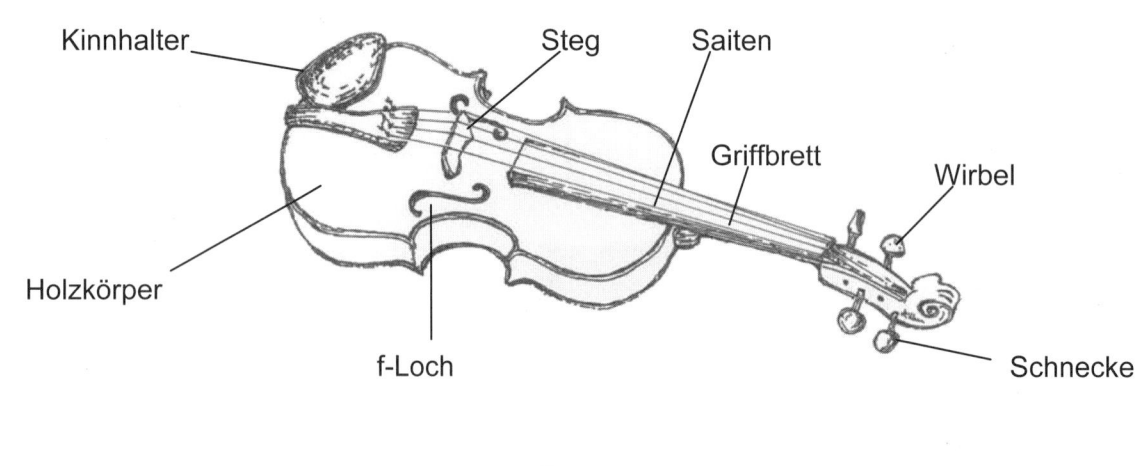

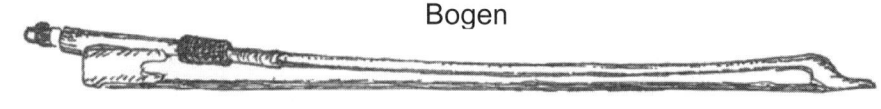

Kinnhalter, Steg, Saiten, Griffbrett, Wirbel, Holzkörper, f-Loch, Schnecke

Bogen

Bogen, Saiten, Griffbrett, Kinnhalter, Schnecke, Wirbel, Steg, Holzkörper, f-Loch